Questions contemporaines

Collection dirigée par Jean-Paul Chagnollaud, Bruno Péquignot et Xavier Richet

Chômage, exclusion, globalisation… Jamais les « questions contemporaines » n'ont été aussi nombreuses et aussi complexes à appréhender. Le pari de la collection « Questions contemporaines » est d'offrir un espace de réflexion et de débat à tous ceux, chercheurs, militants ou praticiens, qui osent penser autrement, exprimer des idées neuves et ouvrir de nouvelles pistes à la réflexion collective.

Dernières parutions

Philippe SCHAFFHAUSER, *Critiquer le capitalisme. Une mise en abyme du monde contemporain*, 2020.
Dr Georges-Olivier CARISSIMO, *Le juste soin. Adapter le système de santé à la réalité épidémiologique et démographique*, 2020.
Régis CHRISTIN, *Le crépuscule du modèle politique et administratif français*, 2020.
Thierry BERGER, *Famille, où vas-tu ?*, 2020.
Yves GUERMOND, *La citoyenneté à travers la géographie*, 2020
Erik LOUIS, *Pour en finir avec le peuple*, 2020
Yvon QUINIOU, *L'inquiétante tentation de la démesure, L'homme face à la nature et à lui-même*, 2020
Roger BENJAMIN, *Fondement philosophique et social du socialisme*, 2020
Dominique VIDAL (dir.), *Les nationalistes à l'assaut de l'Europe*, 2020.
Alexandre BAUMANN, *Effondrement, burn-out et échec scolaire*, 2020.
Romain STEFFENONI, *Antispécisme, l'animal moral*, 2020.
Abdoulaye NGOM, *Migration clandestine sénégalaise vers l'Europe. Enjeux, déterminants et perspectives*, 2020.
Charles Perez, Karina Sokolova, *Prison numérique. Mise en lumière de quelques nuances sombres de notre société numérique*, 2020.

Régie de quartier et résilience

Patrick Norynberg

Régie de quartier et résilience

Reprendre nos vies en mains !

Des idées, des témoignages, des méthodes et des outils
pour reconstruire une économie sociale, solidaire et d'inclusion,
des solutions pour la transition écologique,
un avenir commun meilleur…

L'Harmattan

Ouvrage publié en partenariat avec le
Comité National de Liaison des Régies
de Quartier, le Conseil Départemental de la Seine-Saint-Denis,
Emmaüs-Habitat, l'APES-DSU, Inser'Eco93.

5-7, rue de l'École-Polytechnique – 75005 Paris
www.editions-harmattan.fr
ISBN : 978-2-343-21504-4
EAN : 9782343215044

A la mémoire de Mourad

Un ami avant tout, enfant du quartier des tilleuls au Blanc-Mesnil, directeur emblématique de la Régie de quartier durant 10 ans, décédé subitement un soir de février 2015…

REMERCIEMENTS

A tous ces gens, ces belles personnes, salariés, partenaires, clients, que j'ai la chance de croiser dans notre structure. Ils contribuent à donner du sens à l'action collective et à l'engagement. Ils sont le fervent de l'énergie qui permet de continuer inlassablement ces combats, pour que la vie de chacun et de tous soit toujours plus belle…

A tous nos professionnels, encadrants engagés, déterminés qui agissent au quotidien pour que ces cheminements dans l'insertion sociale et professionnelle permettent à chacun de trouver sa voie en rallumant des étoiles.

A Janine, Zoé, Rachel, Nadia, Gérard mes compagnons de route volontaires bénévoles, engagés au bureau de notre association.

A tous les bénévoles de notre conseil d'administration qui donnent de leur temps pour l'action collective et le mieux-être de tous.

A mes proches, ma bien-aimée, pour leur bienveillance et leur soutien. Ils m'aident à me ressourcer dans l'écriture et mes engagements pour les idéaux auxquels je tiens.

Merci à tous pour nos échanges, nos réflexions, nos expérimentations, pour faire de notre ville et de notre territoire, de véritables espaces de transformation économique et sociale, de démocratie authentique et d'émancipation citoyenne.

Ces pages et ce récit sont aussi les leurs.

« TOUT EST POSSIBLE À QUI RÊVE, OSE, TRAVAILLE ET N'ABANDONNE JAMAIS »

Xavier Dolan

PREAMBULE

« Les moments de crise sont l'occasion d'une réorganisation qui nous permet de choisir de nouvelles trajectoires pour ensuite accompagner le processus de résilience »

Aujourd'hui tout le monde parle du « monde d'après ». C'est un bon début, mais après ? On fait quoi ? Avec les acteurs, les bénévoles des Régies de quartier, entreprises associatives d'économie sociale et solidaire, j'ai déjà une petite idée de ce à quoi pourrait ressembler ce monde d'après. Le livre que vous avez en mains en est une contribution.

Nous sortons de presque trois mois de confinement à la suite de la crise sanitaire avec la covid19 enfonçant un peu plus le pays dans une crise économique historique et sans précédent depuis la seconde guerre mondiale. Derrière cette crise, une crise sociale de grande ampleur pointe déjà le bout du nez. Le chômage a explosé avec près d'un million de demandeurs d'emploi supplémentaires au mois d'avril 2020, hors chômage partiel. L'augmentation est fulgurante, plus trente pour cent et toutes les tranches d'âge sont concernées ! La précarité se développe plus encore dans les quartiers populaires où les habitants sont plus fragilisés qu'ailleurs. Ils étaient du reste très souvent en première ligne au cours de ces derniers mois (personnels soignants, livreurs, postiers, agents des collectivités locales, caissières… beaucoup de jeunes, de femmes). Sans eux, c'est l'économie tout entière qui se serait effondrée.

Durant cette période inédite, de nombreuses voix se sont levées parmi des intellectuels, des chercheurs, des acteurs sociaux, des grandes institutions et associations. Des voix de femmes et d'hommes politiques également, pour proposer d'imaginer collectivement ce que pourrait être le monde d'après. Les enjeux qui sont devant nous sont énormes. Ils touchent évidemment aux questions écologiques, au respect du vivant avec l'obligation pour l'Homme d'adopter une nouvelle posture complètement respectueuse des autres êtres vivants et des formes de vie sur la planète. Mais pour cela, il est impératif pour les humains de cesser de se positionner au-dessus de tout, pensant pouvoir maîtriser et façonner notre Terre-Mère à leur manière. Un autre enjeu est celui de la démocratie authentique qui doit permettre, plus que jamais, à l'ensemble de nos concitoyens, du moins au plus grand nombre, de véritablement prendre leurs affaires en main et contribuer à la réflexion et à la construction de nouveaux rapports démocratiques avec les décideurs et les institutions. Le troisième enjeu est celui de la réappropriation de l'économie par les citoyens. Une économie sociale, solidaire, d'inclusion et de transition écologique. C'est le cœur de ce livre.

Car nous n'avons plus vraiment le choix, sinon à aller droit dans le mur. C'est un impératif de penser l'économie en respectant la planète et de trouver de nouvelles formes de développement non destructrices de notre environnement, qui permettent à chacun de pouvoir avoir une activité et d'en vivre décemment. Dans nos pays, le développement doit être très modéré pour laisser la place aux autres de se développer à leur tour pour répondre aux besoins fondamentaux de santé, d'éducation, de services publics, d'emplois utiles. La croissance sans fin n'a pas de sens. En a-t-elle jamais eu un ?

Dans ce contexte inédit, l'économie sociale et solidaire représente une perspective et nous ouvre de nouveaux possibles. Le concept n'est pas nouveau mais dans cette situation absolument inédite, nous avons l'occasion de déployer en grand les principes sur lesquels se sont créées les Régies de quartier. Elles ont en effet, plus que jamais toute leur place dans ce nouvel environnement, parce qu'elles « boostent » le développement endogène, l'économie circulaire en s'appuyant sur les leviers locaux, les forces vives des territoires et donnent une place centrale aux habitants dans ce processus. Elles ont pour but de redistribuer les richesses créées. Les entreprises d'économie sociale et solidaire comme les Régies de quartier n'ont pas pour objectif le profit. Elles ne cherchent pas à s'enrichir pour elles-mêmes mais ont pour but le bien-être des habitants avec une perspective : « *Le but de la société est le bonheur commun* » pour reprendre l'article n°1 de la déclaration de droits de l'homme de 1793.

Je vous invite donc à partager notre expérience, mon expérience de cofondateur et de président d'une association d'économie sociale et solidaire, véritable entreprise associative qui compte à ce jour quarante et un salariés dont trente-cinq en insertion et un budget annuel de près d'un million d'euros. Ce livre raconte le processus de conception, de mise en œuvre et d'animation de la structure. Au travers du récit de nombreux témoignages d'acteurs, salariés, bénévoles, clients, partenaires, je propose une réflexion et des propositions concrètes pour changer d'approche économique, de monde quotidien en matière de solidarité active, en agissant chacun avec et pour tous. Ce récit est parsemé de retours d'expériences individuelles, collectives et d'analyses réflexives qui interrogent nos pratiques. Il interpelle chacun d'entre nous, acteurs politiques, économiques, associatifs comme professionnels, qui œuvrent chaque jour auprès d'habitants. Il est aussi un livre pratique, à mettre entre toutes les mains de ceux qui souhaitent agir autrement pour l'inclusion sociale, le développent local et endogène, l'emploi des personnes les plus en difficulté. Mais également, ceux qui s'interrogent sur l'avenir de nos modes de travail, les relations sociales, l'écologie, notre modèle économique, nos modes de consommation et les circuits courts, l'innovation sociale face à la mondialisation financière…

Ce livre que vous avez commencé à lire propose trois grandes parties.

La première traite du sens et des valeurs de l'économie sociale et solidaire, de l'origine des Régies de quartier en France et des premiers pas de celle que j'ai cofondé et que j'anime depuis vingt ans. J'y aborde aussi l'originalité de la démarche d'insertion globale, sociale et professionnelle des personnes avec notre structure. Enfin, je vous présente concrètement le modèle économique, tout aussi original de ce type d'entreprise. A ce stade, vous aurez déjà bien compris de quoi il s'agit.

Dans la deuxième partie, je restitue vingt interviews conduites auprès d'acteurs et de partenaires de notre structure. La parole est donnée aux salariés de l'association dont la plupart sont en insertion. L'association est alors pour eux un tremplin pour sortir de la spirale du chômage et de l'exclusion. Avec au bout, le plus souvent la confiance en soi retrouvée, un pas vers l'épanouissement individuel et collectif. C'est du moins l'objectif commun des encadrants professionnels qui agissent en son sein, au quotidien. Pour cela, il m'est apparu important de donner l'occasion à quelques personnels permanents de décrire leurs actions quotidiennes, de sorte que vous compreniez bien le rôle de chacun. Ces interviews ont d'ailleurs eu des effets immédiats sur beaucoup de ces personnes.

Des encadrantes étaient émues et ravies du retour des salariés qu'elles n'avaient pas eu jusqu'à ce moment. Pour les salariés, la valorisation d'eux-mêmes, de ce qu'ils sont et font, a été un pas nouveau dans leur parcours d'insertion. Cette démarche a facilité certain à trouver leur place dans le collectif. Ce livre et les échanges qu'il a suscités, resteront des éléments du cheminement global des salariés.

Mais, les effets ont aussi pu se mesurer avec des clients partenaires comme le Conseil Social et Economique de Dassault-Falcon qui a décidé de nous confier de nouvelles missions ou encore avec Emmaüs-habitat qui a accepté de rejoindre notre conseil d'administration…

Du reste, dans la troisième partie, je vous propose un peu de méthode avec ce que j'appelle un « kit de création » d'une Régie de quartier. J'ai l'habitude de dire que je n'aime pas les outils. Je fais de l'enseignement et de la formation, et très souvent, les apprenants sont en demande d'outils. Ils pensent qu'ils vont leur permettre de solutionner les problématiques auxquelles ils sont confrontés. J'explique alors : Si je possède un marteau mais que je ne sais pas, ni quand et comment je peux m'en servir, celui-ci ne me sert à rien. Bref, cela ne m'empêche pas de vous proposer une méthode de diagnostic partagé et participatif, de vous présenter le projet de l'association. Je reviens également en détail sur les conditions à réunir pour le démarrage de l'activité, sa consolidation et son déploiement. Puis, j'interroge la gouvernance, le fonctionnement et vous présente les statuts de notre association. Pour finir, je fais le plaidoyer du fonctionnement en réseau et du partenariat.

Ce livre est aussi une ode à l'éducation populaire.

En effet, « *L'éducation populaire ce n'est pas éduquer le peuple. Ce n'est pas apporter la conscience de l'extérieur à des personnes qu'on considérerait comme « à conscientiser ». Ce sont des dynamiques collectives qui permettent aux dominés de développer ensemble une compréhension critique de la société et des origines des inégalités sociales. Il s'agit de se donner les moyens de comprendre le monde pour pouvoir le transformer.*

Pour cela, l'éducation populaire nous invite à travailler à partir de nos situations pour les analyser, les comprendre, agir pour les transformer. L'objectif étant de transformer la société, les démarches d'éducation populaire ne sauraient être neutres. »

La résilience et la pertinence de ce concept traversent chacune des pages de ce livre. Vous avez fait le lien avec son titre pour lequel je me suis amusé à inventer une sorte de paronyme et d'anagramme. On parle de résilience sociale. Certains groupes humains reprennent un bon développement après un traumatisme, avec très peu de difficultés, alors que d'autres, dans la même situation, ont une reprise plus difficile et ont beaucoup de psycho-traumatismes. C'est exactement l'histoire de notre association et de beaucoup de nos salariés.

Cet ouvrage interroge sur la capacité que nous avons tous à prendre nos affaires en mains et à faire bouger les choses là où nous vivons, ici et maintenant. La société du chacun pour soi n'a pas d'avenir.

La volonté politique est centrale mais pas toujours suffisante. Le repli sur soi, l'isolement, la peur, le sentiment d'inutilité, d'impuissance, la résignation sont encore forts. Crise de confiance, crise de sens, crise dans les pratiques. Nous vivons dans une société de contradiction et de complexité. La citoyenneté politique est en crise. Mais la citoyenneté n'est pas seulement politique, elle est aussi sociale et économique et de ce point de vue-là, les initiatives citoyennes et solidaires sont fleurissantes. Les démarches, les processus, les actions collaboratives, que nous savons déployer un peu partout dans les territoires nous aident à faire ensemble pour mieux vivre ensemble. Elles nous donnent la force nécessaire pour y parvenir. C'est l'objectif d'une association locale comme la nôtre. C'est le pouvoir de la Résilience, la force intérieure de chacun et celle du NOUS.

En écrivant cet ouvrage j'ai pensé à vous. J'ai ainsi imaginé que vous pouviez être acteurs économiques, de l'insertion sociale et professionnelle, évidemment. Mais aussi élus locaux, responsables institutionnels, professionnels des collectivités locales, et bien entendu habitants, citoyens et collectifs, associations, étudiants aux énergies citoyennes foisonnantes pour jouer un peu avec le titre de mon précédant ouvrage. Plus globalement, ce livre intéressera tous ceux qui agissent contre les exclusions à titre professionnel ou militant pour faire vivre l'économie sociale et solidaire, la citoyenneté active, l'inclusion sociale, construire des projets collectifs, transformer les territoires et les quartiers avec les habitants.

Enfin, ce livre a l'ambition de se situer dans la lignée des précédents qui inscrivent l'intelligence et l'action collective, le développement endogène comme un levier d'émancipation individuelle et collective pour la transformation sociale de notre société.

Je ne résiste pas à citer Nelson Mandela tant cette phrase résonne en moi et je l'espère raisonnera en vous : « *En faisant scintiller notre lumière, nous offrons aux autres la possibilité d'en faire autant.* »

Et maintenant l'histoire peut commencer…

PREMIERE PARTIE

« Pour s'en sortir, il faut disposer très tôt de ressources en soi
et pouvoir bénéficier des mains tendues
ou tuteurs de résilience. »
Boris Cyrulnik, Le Monde de l'éducation, mai 2001.

De nos premiers pas à ce que nous sommes devenus ensemble…

Ce livre aurait pu s'appeler : « Régi(e)lience »

Ce livre aurait pu s'appeler : « *Régi(e)lience* ». C'est le titre provisoire que je lui avais donné. Il m'a accompagné durant des mois d'écritures… Je vous propose de revenir sur ce néologisme et jeu de mot. La dynamique des Régies de quartier et celle de la Résilience portent tellement d'analogies et de concordances !

Dans un courrier que j'adressais début 2018 aux membres du conseil d'administration de notre association Régie de quartier, j'écrivais notamment : (…) *Par ailleurs, sans jamais renier notre histoire et qui nous sommes, nous avons besoin de rebondir et de nouveauté. Le choix de notre nouveau directeur incarne cela comme, d'une autre manière, la nouvelle responsabilité que vous m'avez confiée au sein de notre Conseil d'Administration. Nous avons besoin de donner à voir sur le territoire notre envie de poursuivre le travail accomplit et de réussir l'avenir tous ensemble sans jamais lâcher sur nos valeurs. Nous les retrouvons dans le manifeste des Régies de Quartier élaboré en 1993.*

Je veux vous les rappeler ici. Le Manifeste met en avant trois approches essentielles : Une approche sociale, un ancrage économique, le développement de la citoyenneté.

A travers ces trois approches, les Régies s'affirment comme :

- *Un outil de proximité*
- *Un moyen d'intervention économique*
- *Une démarche d'insertion*
- *Un lieu de vie principalement animé par les habitants*

Ce sont ces principes vers lesquels doivent tendre nos actions. Ils sont porteurs d'une société plus juste, plus solidaire et plus fraternelle. Nous y sommes très attachés.

Ne rien lâcher sur les valeurs tout en se tournant vers l'avenir ! Voilà pourquoi avec le bureau, je vous propose ce changement de nom qui pourrait être : ! ***Résilience, entreprise d'insertion, Régie de quartier****. Nous le proposerons en AG extraordinaire le 21 juin prochain.*

Ce nouveau nom correspond complètement à ce que nous avons vécu ces dernières années. Il illustre également de la meilleure façon qu'il soit, le travail mené par l'équipe auprès des salariés en insertion. Les parcours de vie de nos salariés relèvent eux-mêmes souvent de cette résilience.

La résilience est en effet un phénomène psychologique qui consiste, pour un individu affecté par un traumatisme, à prendre acte de l'événement traumatique pour ne pas, ou ne plus, avoir à vivre dans la dépression et se reconstruire.

Boris Cyrulnik[1] explique que la résilience est le moment où une personne subit un traumatisme qu'elle va tenter de surmonter et ainsi mettre en place un processus de résilience. Le traumatisme est donc l'agent de la résilience.

En écologie et en biologie, la résilience est la capacité d'un écosystème, d'une espèce ou d'un individu à récupérer un fonctionnement ou un développement normal après avoir subi une perturbation.

On parle également de résilience sociale. Certains groupes humains reprennent un bon développement après un traumatisme, avec très peu de syndromes psycho-traumatiques, alors que d'autres, dans la même situation, ont une reprise plus difficile et ont beaucoup de psycho-traumatismes.

On parle aussi aujourd'hui de la résilience des territoires…

Finalement, le changement de nom n'a pas pu s'opérer malgré l'accord de tous. Après vérification une autre association d'insertion de notre département venait de l'adopter.

Voilà pourquoi il était donc naturel d'appeler ce livre Régi(e)lience avec cette petite nuance qu'il se doit…

* * *

Les Régies de quartier sont des structures associatives originales. Notre pays en compte 140 sur l'ensemble du territoire. Quelques-unes se sont déployées également ailleurs dans le monde… Les Régies de quartier relèvent du

---

[1] Boris Cyrulnik, est un neuropsychiatre français. Ancien animateur d'un groupe de recherche en éthologie clinique au centre hospitalier intercommunal de Toulon-La Seyne-sur-Mer et directeur d'enseignement du diplôme universitaire « Clinique de l'attachement et des systèmes familiaux » à l'université du Sud-Toulon-Var. Il est surtout connu pour avoir vulgarisé le concept de « résilience » qu'il a tiré des écrits de John Bowlby.

champ de l'économie sociale et solidaire et mettent en synergie trois approches essentielles : une approche sociale, un ancrage économique et un accélérateur de citoyenneté. Elles s'appuient d'abord sur une démarche forte de sens et de valeurs. Mais, ces structures sont aussi des outils concrets et efficaces dont nous disposons pour créer des emplois, lutter contre les exclusions et rendre réelle l'inclusion sociale et professionnelle de tous.

L'Economie Sociale et Solidaire c'est quoi ?

De quoi parle-t-on ? Tous les jours nous sommes en contact avec de nombreuses entreprises de l'économie sociale et solidaire sans qu'on le sache vraiment et elles sont présentes dans notre quotidien. Par exemple, dans un quartier avec un café-concert, une ressourcerie, une friperie Emmaüs, une compagnie de théâtre, un studio d'enregistrement associatif, un centre d'animation. Mais, également avec les paniers bio favorisant une agriculture respectueuse de l'environnement et une consommation locale, les Amap[2], les jardins de Cocagne[3], les nouveaux robinsons[4]...

Ou encore au travers de t-shirts ou de tablettes de chocolat issus du commerce équitable qui privilégient les conditions de travail et une juste rémunération des producteurs.

Enfin, au moyen de la prise en charge des frais de santé ou d'assurance pour son logement par des mutuelles, Maif, Macif...

Pour résumer, l'économie sociale et solidaire ce sont des projets collectifs à finalité sociale, environnementale,

---

[2] Association pour le maintien de l'agriculture paysanne

[3] Jardins d'insertion

[4] Supermarchés coopératifs de produits biologiques et écologiques

participative du type, coopérative par exemple : le groupe chèque déjeuner, les associations d'éducation à l'environnement, le covoiturage, l'habitat collectif participatif... Ce sont avant tout **des entreprises qui centrent leurs activités sur la personne et non sur le profit**. C'est le cas des Régies de quartier, également entreprises d'insertion, qui mettent **l'habitant au cœur de leur projet et de leur dispositif**. Enfin, l'économie sociale et solidaire -l'ESS, comme on dit souvent- c'est aussi des initiatives citoyennes qui contribuent à **construire une société plus humaine et plus juste**.

Pour compléter encore cette présentation quelques précisions :

Au début des années 2000 on commence à associer les termes d'économie sociale et solidaire pour décrire les initiatives qui partagent trois points communs[5] *:*

- ***Un projet économique inscrit dans le marché** : Production de biens et de services, prise de risque, création de richesses et d'emplois, indépendance vis-à-vis des pouvoirs publics...*
- ***Une finalité sociale** : Lutte contre les exclusions, création d'emplois pérennes, valorisation d'un territoire, développement du lien social...*
- ***Une gouvernance participative** : Pas de propriétés individuelles du capital et rémunération limitée de celui-ci, investissements des excédents dans le projet, principe de participation des parties prenantes...*

L'économie sociale et solidaire se développe aujourd'hui dans des domaines très variés : service de proximité, prise en charge des personnes âgées, prévention santé, microfinance, commerce équitable, circuits courts de distribution... en faisant référence à des valeurs

[5] Cf. Livret intitulé : « L'économie sociale et solidaire au service du développement durable, premières clefs pour les collectivités territoriales »

respectueuses de l'être humain et de sa place dans la société.

Innovation sociale, pratique démocratique et approche transversale, ancrage dans le territoire *constituent les dénominateurs communs de l'économie sociale et solidaire.*

Dans un document stratégique et de référence du RIPESS, Réseau intercontinental de promotion de l'économie sociale solidaire en date de févier 2015 et sous l'intitulé : Vision globale de l'économie sociale et solidaire : on peut notamment lire que l'ESS peut être considérée comme une voie de changement systémique et transformateur… Une belle ambition non ? Voici un extrait :

« *L'économie sociale et solidaire est une alternative au capitalisme et aux systèmes économiques autoritaires dominés par l'État. Dans l'ESS, les citoyen-ne-s jouent un rôle actif dans l'élaboration de toutes les dimensions de la vie humaine : économique, sociale, culturelle, politique et environnementale. L'ESS est présente dans tous les secteurs de l'économie : de la production à la finance, en passant par la distribution, l'échange, la consommation et la gouvernance. Elle vise à transformer le système économique et social, incluant les secteurs public, privé et le tiers secteur. L'ESS ne concerne pas seulement les pauvres : elle s'efforce de surmonter les inégalités, qui touchent toutes les classes de la société. L'ESS a la capacité de faire siennes, les meilleures pratiques du système actuel (par exemple le souci d'efficacité, l'utilisation de technologies et l'accent mis sur les connaissances) et de les transformer pour les mettre au profit du bien-être des communautés, suivant les valeurs et objectifs du mouvement pour l'ESS.*

Les mouvements qui constituent l'ESS doivent être prudents pour éviter d'être cooptés par des perspectives étrangères à l'ESS. L'ESS vise une transformation systé-

mique allant au-delà d'un changement superficiel où demeureraient intactes les racines structurelles de l'oppression et les enjeux fondamentaux. Les exemples de ce type de cooptation sont divers, allant des pratiques corporatives de « greenwashing » à un renforcement de l'État-providence dans lequel seraient ignorées les structures sous-jacentes qui maintiennent ou intensifient les inégalités.

En tant qu'acteurs de l'ESS, nous devons éviter de nous idéaliser comme étant fondamentalement « bons ». Nous devons créer et recréer activement nos aspirations, et apprendre à mettre un frein à la reproduction du sexisme, du racisme, de l'homophobie, de la discrimination basée sur la classe sociale, etc. »

Difficile d'en rajouter. Tous ces éléments montrent combien l'économie sociale et solidaire peut être un véritable levier de changement de rapports sociaux et sociétaux. Cela me semble d'autant plus fort aujourd'hui avec cette crise sanitaire, sociale et économique que nous traversons. Mais la conclusion de ce document n'est pas moins intéressante quand elle précise :

« Nous reconnaissons que la vision de l'ESS continuera d'évoluer et de se développer alors que nous avançons dans la construction d'un modèle alternatif de développement. Nous soulignons également qu'il est essentiel que nos membres, d'autres mouvements sociaux, des chercheurs et des universitaires prennent part à cet effort pour construire un monde meilleur pour l'humanité, dans le respect de la Terre-Mère, pour le présent et pour l'avenir. »

A l'origine…

D'où vient le concept de Régie de quartier ?

Nous sommes dans le quartier de l'Alma-gare à Roubaix, au milieu des années 1970. Celui-ci fait l'objet d'un projet d'aménagement mais les habitants manifestent leur désaccord et surtout, exigent d'être entendus.

Le film « *Quand les habitants prennent l'initiative* »[6] retrace le début de cette aventure. Les habitants racontent : « *Mon quartier c'est ma vie* ! »

Les démolitions provoquent la réaction des locataires. Ici, les pratiques de solidarité concrètes préexistaient : mise en place d'une machine à laver collective, manifestation et déploiement d'une banderole en 1969 au Conseil Municipal, manifestation pour conquérir le droit au logement pour tous... « *On s'est aussi battu pour que les loyers baissent dans la cité.* » « *On s'est mobilisé sur plein de choses : l'habitat insalubre, les logements neufs, l'emploi, la santé, l'école, l'animation sociale... La vie quoi, avec un grand V ! Habiter c'est vivre ensemble.* »

Les architectes ont finalement travaillé avec les habitants. *« Petit à petit on a pu mettre en place un Atelier Populaire d'Urbanisme* ». « *C'est la relation, le porte à porte, les actions dans la vie quotidienne qui font que l'on a pu créer l'Atelier d'Urbanisme* ».

« Il a fallu aussi sortir de son trou et du coup on a même fait des voyages d'études pour voir ce qui se faisait ailleurs », précisent encore ces femmes à l'avant-garde dans la conduite de ce processus, que l'on voit toujours au premier rang dans ce film.

Et c'est ainsi que le projet de Régie de quartier à Roubaix, a petit à petit vu le jour.

---

[6] Quand les habitants prennent l'initiative, 1981, Réalisation : société coopérative de production Sujet l'Alma-Gare à Roubaix : l'expérience de participation des habitants à la rénovation.
https://www.dailymotion.com/video/x1bor9u

Une précision encore : le terme de « Régie » vient du mot régisseur, celui qui aide à mettre les choses en scène. Tout un programme.

Les premiers pas de la Régie de quartier du Blanc-Mesnil

En 1999, à la suite d'un évènement tragique, des coups de feu et la mort d'un jeune, les habitants du grand ensemble des tilleuls se sont mobilisés avec la ville et les bailleurs sociaux du quartier. A cette époque, j'étais chef de projet politique de la ville. Nous avions créé une instance participative appelée Conseil de ville et de voisinage. Dans les jours qui ont suivi ces évènements, nous avons organisé une réunion au centre social des tilleuls. La colère était forte, l'incompréhension également mais l'envie de ne pas en rester là et d'agir par soi-même ont été plus forts que tout…

J'ai alors proposé aux élus la création d'un groupe de travail avec les habitants volontaires. Nous l'avons appelé « Vie quotidienne et sécurité ». Ce groupe a cheminé plusieurs mois et en 2000, nous avons créé la Régie de quartier des tilleuls. Elle deviendra plus tard la Régie de quartier du Blanc-Mesnil, j'y reviens plus loin.

Dans un de mes livres paru en 2011,[7] je présentai quelques exemples de ce que nous avions produit avec les habitants du quartier des tilleuls dans cette instance participative. La création d'une Régie de quartier était la première d'une liste de quelques autres actions comme : un Système d'Echange Local, des aménagements urbains et de travaux de voirie, la constitution d'une amicale des

[7] « *Ville, démocratie, citoyenneté : expérience du pouvoir partagé.* » 249 pages, éditions Yves Michel. Mars 2011.

locataires, des propositions pour le projet municipal 2008/2014...

Ainsi, dans ce livre, j'écrivais sur la Régie de quartier :

« C'est sans aucun doute la réalisation la plus emblématique aux côtés de la maison pour tous Jean Jaurès. (...) Le Conseil de Ville et de Voisinage des tilleuls s'est réuni un soir de tension dans le quartier. Le quartier venait de vivre des événements dramatiques, fusillade, mort d'un jeune et d'une commerçante. Le choc était terrible pour ceux qui étaient venus nombreux ce soir-là. Toute la réunion sera consacrée à écouter chaque personne dire son mot, sa colère, son attachement au quartier et aussi ses espoirs et ses envies pour l'avenir. Cette violence, mais également le sentiment d'abandon comme la saleté du quartier, le chômage des jeunes et des adultes étaient au cœur de la discussion passionnée.

Ce moment date d'un peu plus de 10 ans mais il reste encore profondément présent en moi. Ce soir-là, c'est la relation construite depuis plusieurs années avec les habitants qui a grandement facilité le passage de la colère à un début de construction collective. Après trois bonnes heures de débat, nous nous sommes donné rendez-vous quelques jours plus tard en groupe de travail pour commencer à construire un début de réponse... Ce groupe de travail s'intitulait : « vie quotidienne et sécurité ». La mobilisation des citoyens et de leurs associations, de certains partenaires comme les bailleurs était réelle. Plusieurs participants sont aujourd'hui membres du conseil d'administration de l'association que nous avons créée. Celle-ci entretien notamment les espaces extérieurs de la cité et compte aujourd'hui près de 50 salariés temps plein, tous issus du quartier ou de la ville.

Comment en est-on arrivé là ? Le groupe de travail en question s'est réuni très souvent pour « chercher ensemble ». Je connaissais les régies de quartier et quelques personnes en avaient aussi entendu parler. Nous avons rencontré d'autres expériences. Nous nous sommes rendus en visite dans une régie expérimentée qui fonctionnait bien à Clichy-sous-Bois. La ville du Blanc-Mesnil nous a mis à disposition un car pour nous y rendre collectivement. C'était un moment fort et au retour, la décision était prise collectivement. Il fallait absolument créer ici, notre propre outil pour agir plus efficacement sur l'entretien de la cité et remettre au travail les personnes qui n'en avaient pas depuis trop longtemps.

C'est ainsi qu'au cours de l'année 2000, la régie de quartier du Blanc-Mesnil est née. Son conseil d'administration est composé d'habitants, ils y sont majoritaires, de bailleurs, de professionnels et d'élus locaux. Les premiers soutiens sous forme de subventions d'aide à la création viendront de la ville et de l'Etat dans le cadre de la politique de la ville. Mais surtout, ils se concrétiseront par la ville et certains bailleurs, sous la forme d'offres de travaux. Trois bailleurs (Icade, Efidis et la Lutèce)[8] seront aussi les premiers clients de la régie. Un peu plus tard, nous déciderons de créer un service de correspondants de nuit dans le cadre de la médiation sociale et du Contrat Local de Sécurité et de Prévention de la Délinquance que la ville a été une des premières collectivités à signer. Le nettoyage de locaux dans la ville et le quartier est devenu aussi important. Depuis 2005, des salariés de la régie réalisent aussi de petites prestations chez les particuliers en lien avec le service municipal d'aide à domicile. Petit à petit les champs et le territoire d'intervention de la régie se sont étendus (médiation environnementale, création d'une repasserie dans le cadre d'un chantier d'insertion, entretien d'espaces verts…)

[8] Depuis Efidis est devenu le groupe CDC Habitat social et la Lutèce est devenu un temps France habitation puis depuis peu a rejoint le groupe Seqens.

En 2009, l'équipe de salariés comptait soixante-quatre personnes (quarante-cinq salariés en insertion, dix correspondants de nuit, huit encadrants et un poste pour la médiation environnementale). La vie associative y est intense. Depuis la création de l'association, le bureau se réunit tous les quinze jours et le conseil d'administration aussi très régulièrement. La régie travaille avec un réseau local emploi formation dense et extrêmement dynamique. Durant le passage d'un salarié en insertion dans la structure, nous veillons à la qualité de l'accompagnement social. L'accès à un logement, aux soins, aux droits, à la formation ainsi que les temps d'information sont au cœur de la démarche d'accompagnement social. La convivialité au travers de sorties familiales, culturelles, atelier théâtre... permet une véritable approche globale de l'insertion des salariés.

Enfin, la régie a aussi vocation à retisser du lien social aux moyens d'animations, d'un potager pédagogique, de fêtes de quartier, d'un atelier de recyclage...Voilà où peut nous mener un Conseil de Ville et de Voisinage !

Soixante pour cent des salariés sortent de la régie avec un emploi à durée indéterminé ou une formation qualifiante de plus de six mois ! J'ai vu des personnes se transformer totalement, retrouver le chemin du travail mais aussi celui d'une nouvelle vie sociale tout simplement. Il y a quelques mois nous avons fêté les dix ans de l'association. Les 160 salariés qui sont passés dans cette entreprise associative ont été invités. Ils sont venus nombreux, en famille, entre amis. Salariés, administrateurs, il n'y avait pas de différence ce jour-là comme souvent dans nos rencontres. La parole des uns compte autant que celles des autres... Je ne veux pas être trop long mais je tenais à préciser brièvement cette démarche. (...)

Je suis co-fondateur de cette régie et j'en suis le vice-président depuis sa création. On me dit que souvent :

« c'est ton bébé ». C'est vrai, je me sens fier aux côtés de ceux qui m'entourent dans cette aventure. Pour toutes ces raisons, j'y consacrerais peut-être ultérieurement un nouvel ouvrage, car il s'agit bien d'une formidable aventure humaine. »

Eh bien voilà nous y sommes, ce nouvel ouvrage est entre vos mains à présent ! Tout arrive mais il faut savoir attendre comme on dit…

Je suis heureux d'avoir été au bout de cette promesse que je me suis faite et que j'avais faite aussi à Mourad, notre ancien directeur.

« *Respecte si tu veux être respecté. On devrait toujours avoir cette phrase à l'esprit. Propriétaire, si tu veux que ton bâti soit respecté, respecte les habitants qui y vivent, écoute-les et travaille avec. Il en est de même pour tous les types d'actions. Tant qu'il y aura des décideurs qui feront à la place des utilisateurs sans tenir compte de leurs avis ou de leurs besoins, il faut s'attendre à un échec* ». (Parole d'habitant)

Association loi 1901, la Régie de quartier regroupe au sein de son Conseil d'administration des habitants, des représentants de la collectivité locale et des bailleurs sociaux. Ces trois partenaires y exercent des fonctions d'administrateurs bénévoles. L'équipe d'administrateurs délègue aux six membres du bureau le pilotage quotidien de la structure. Le Conseil d'administration, issu de l'Assemblée Générale, est composé de vingt-trois membres. Treize sont habitants de la commune et sont majoritaires, c'est à souligner ! Cinq membres de droit, représentants de la commune et des bailleurs, cinq membres associés, représentants des partenaires privés et publics, partenaires sociaux, associations…

Depuis l'année 2000, plus de 500 personnes ont été embauchées par notre structure et en moyenne chaque année, comme je le disais en 2011, soixante pour cent d'entre elles ont trouvé à la sortie de ce dispositif, un emploi pérenne ou une formation qualifiante de plus de six mois. Ce qui est remarquable et mérite que l'on s'y penche un peu… J'y reviens un peu plus loin dans le texte et à l'aide d'un tableau très parlant.

« Le dispositif Régie de quartier articule une double démarche d'entreprise en vraie grandeur et de développement social et communautaire ». ***Extrait de l'Article 1 de la Charte Nationale***

Une démarche originale d'insertion globale, sociale et professionnelle des personnes

J'aime rappeler régulièrement à nos « clients-partenaires » nos valeurs et nos engagements. En premier lieu, notre action consiste à tisser ou retisser du lien social au moyen de la participation concrète des habitants. En second lieu, elle vise à travailler collectivement à l'amélioration du cadre de vie, aux moyens d'interventions sur le terrain et d'un processus d'insertion sociale et professionnelle de tous les instants.

Enfin, notre action s'inscrit pleinement dans le champ de l'économie sociale et solidaire. Pour cela, l'association assure des travaux, des services marchands et non marchands. Les salariés sont en priorité des habitants du territoire de la commune. La structure travaille en partenariat avec les organismes institutionnels et le réseau local emploi-formation afin d'assurer l'accompagnement et le suivi nécessaire pour réussir l'insertion sociale et professionnelle des salariés. Nous organisons ou participons à toutes les manifestations susceptibles de renforcer les liens sociaux et économiques entre les habitants. Notre ancrage local et notre volonté de partenariat sont notre force.

Parmi nos préoccupations, celle de l'accompagnement vers l'emploi durable est essentielle. Elle se traduit de différentes manières :

- L'accompagnement individuel des salariés en insertion à l'élaboration d'un projet professionnel,
- L'aide à la recherche d'un emploi durable dès l'entrée dans la structure,
- Des ateliers collectifs de recherche d'emploi et de formation.

Dès lors, le travail d'accompagnement social, individuel et collectif, va s'organiser autour des problématiques spécifiques de chaque salarié. Celui-ci pourra toucher à l'accès au logement, aux soins, à la formation, aux droits en général… Le temps du passage à la Régie doit être celui d'un moment de reconstruction globale qui vise à ce que chacun regagne confiance en lui-même et les autres, retrouve une estime de soi. C'est le moment du cheminement, pas à pas vers la résilience…

Une autre de nos préoccupations est celle de l'accompagnement collectif au travers, par exemple, de temps d'information, de sorties familiales et culturelles, de rencontres avec d'autres structures locales, associations, Régies… Des expériences d'ateliers théâtre ou chant ont marqué des salariés qui, parfois, plusieurs années après avoir quitté la structure, reviennent nous en parler.

Enfin, la Régie de quartier a vocation à tisser du lien social. C'est le cas avec nos initiatives d'animations de potagers pédagogiques au cœur des cités, mais aussi en participant aux fêtes de quartiers, à des actions de fleurissement de pieds d'immeubles ou de cages d'escaliers ou encore avec la réalisation d'ateliers autour du développement durable.

L'accompagnement vers l'emploi durable

L'accompagnement vers l'emploi durable est assuré par la chargée d'insertion. Il est indispensable et complémentaire au volet professionnel et au suivi social.

Celui-ci est d'abord individuel. Dès l'arrivée dans la structure, le salarié est reçu. Il est ensuite reçu régulièrement (une à deux fois par mois) par la chargée d'insertion. Ce point permet d'effectuer un diagnostic partagé avec le salarié et de l'aider en fonction de son parcours. Les « freins » à l'emploi doivent être levés. Des outils sont créés, la préparation aux entretiens d'embauche, la recherche d'emploi, de formation et l'orientation sont alors réalisées avec minutie.

L'accompagnement socio-professionnel doit permettre de construire un projet sur le long terme avec le salarié. Des ateliers collectifs de recherche d'emploi sont parfois mis en place.

Au cours de ce parcours dans la structure, les formations constituent des points forts. C'est l'occasion par exemple de suivre des cours de remise à niveau en français, une formation CACES[9], la formation au code de la route ou encore pour certains salariés, une formation sur la maîtrise d'Internet…

« La démarche Régie de Quartier [...] repose sur le souci, dans son territoire, de l'insertion des personnes les plus en difficulté. Les Régies de Quartier montrent en cela qu'elles sont l'une des structures d'insertion par l'économique... »

Article 2 de la Charte Nationale

« Elle peut par ailleurs, s'articuler aux autres dispositifs d'insertion par l'économique... »

Article 5 de la Charte Nationale

L'accompagnement social individuel et collectif

Là encore, les actions se déploient à deux niveaux : individuel et collectif. Il est important de tenir ces deux bouts. Voici quelques exemples :

L'accès aux droits. Du fait de la barrière de la langue et de la fracture numérique, nous accompagnons les salariés

[9] Certificat d'aptitude à la conduite en sécurité

démunis face à leurs démarches administratives (Pôle Emploi, CMU, déclaration d'impôt...). Compliqué. Beaucoup plus de personnes qu'on ne le pense, sont en échec avec le numérique et nous le vérifions chaque jour.

La garde d'enfants. Il s'agit d'aider à trouver des solutions de garde des enfants de salariés et ce n'est pas simple. C'est pourtant un levier essentiel pour faciliter l'accès à l'emploi durable.

L'accès au logement. Ce n'est pas non plus une partie de plaisir tellement nous sommes en déficit d'offres de logements dans notre pays. La fondation Emmaüs, dans son rapport annuel, nous rappelle l'urgence en ce domaine. Plus de huit millions de mal-logés en France ! La ville du Blanc-Mesnil compte 2 500 demandeurs de logements sociaux ! Il y aurait tellement à dire sur cette question fondamentale. Notre action permet quelquefois de trouver des solutions pour nos salariés. C'est rare, mais à chaque fois tellement réjouissant.

L'accès aux soins. Certains salariés arrivent sans couverture sociale. Nous engageons les démarches, sans faire à la place mais en facilitant l'autonomie des personnes. Nous les aidons à retrouver le chemin du médecin, et comme salariés de notre structure, ils bénéficient d'une mutuelle. Plusieurs d'entre-deux prennent part aux campagnes de vaccinations. Notre vision de la santé est proche de celle de l'OMS[10] qui la définit ainsi : *« La santé est un état de complet bien-être physique, mental et social, et ne consiste pas seulement en une absence de maladie ou d'infirmité. »*

L'accompagnement collectif n'échappe pas à cette définition. Ainsi, la Régie organise régulièrement des temps d'informations collectives, des sorties familiales et culturelles. Les derniers moments d'information et d'échange touchaient au prélèvement à la source ou au changement

[10] Organisation Mondiale de la Santé

de mutuelle. Ces actions fluctuent malheureusement en fonction de notre situation en matière d'encadrement notamment. Ces derniers mois, nous avons renoué avec ces pratiques et c'est tant mieux. Les actions collectives avec les salariés sont des outils essentiels pour aider les personnes à sortir de leur isolement. Elles visent aussi à partager des moments conviviaux et à faire l'acquisition de savoirs en s'appuyant sur les principes de l'éducation populaire. J'ai le souvenir de sorties pour aller cueillir, en famille, des fruits et légumes dans une ferme, le Chapeau de Paille, située à Compans, dans le nord de la Seine et Marne pas très loin de chez nous. Les propriétaires cultivent selon des méthodes issues de l'agriculture raisonnée. Les salariés et les bénévoles de la Régie y ont retrouvé le plaisir de la cueillette de fruits, de légumes de saisons, de fleurs tout en passant un moment agréable. Nous allons nous y remettre, promis !

Les liens sociaux et actions sur les quartiers

Retrouver la convivialité et l'esprit de groupe. La Régie organise plusieurs actions afin de retrouver un esprit de cohésion entre les différents secteurs de la structure, renforcer les liens et partager les objectifs de l'association entre tous. Pique-nique estival, séminaires encadrants, partenaires, moments de convivialité pour l'accueil ou le départ de salariés, le Noël de la Régie, les vœux aux salariés et partenaires… Bref, nous avons aussi renoué avec ces pratiques depuis deux ans et j'en suis heureux.

Plus anciennement, mais pas moins intéressantes, les années précédentes auront aussi été l'occasion de rencontres inter structures, d'ateliers théâtre ou chant avec les salariés. Je me souviens de ces quelques salariés jouant sur la scène du forum culturel de la ville avec le directeur de la Régie. Leurs gestuelles, mimiques et propos faisaient chaud au cœur et avaient tellement de sens. Dans le rapport d'activité de la même année, on pouvait lire : « *Cet atelier a permis à tous les participants de travailler autour de la représentation de soi et des autres. Il a aussi aidé à travailler l'expression orale pour nombreux participants avec des faiblesses en langue française. Cet atelier a donné aussi l'opportunité au groupe d'élaborer un projet collectif avec une représentation finale. Cela a aidé les participants à prendre en compte un échéancier, à se projeter dans le futur. C'est parfois bien compliqué pour des personnes en difficulté.* »

La vocation à tisser du lien social s'est aussi traduite, au fil du temps, par de nombreuses activités conduites au cœur des quartiers. Des animations autour de potagers pédagogiques, des participations à des fêtes de quartiers, des actions de fleurissement, de fabrication d'objets en cartons, ou encore la mise en place d'ateliers autour du développement durable… L'empathie, la bienveillance, la joie sont les points communs de toutes ces initiatives. A chaque fois, les salariés ont « la banane » comme on dit couramment. On les voit heureux de faire ce qu'ils font, d'être ce qu'ils sont. Les autres habitants les regardent autrement. Cabossés par la vie, ils arrivent à la Régie souvent tristes, repliés sur eux-mêmes. Au bout de quelques mois et notamment au travers de ces moments, ils nous donnent envie, retrouvent fière allure et nous entrainent naturellement avec eux dans un cheminement de vie plus heureuse et joyeuse. A chacun de ces moments, je me dis combien j'ai la chance de pouvoir réaliser cet engagement auprès de ces personnes dans cette association…

Pour les vingt ans de la régie

Evidemment, nous avons prévu de nombreuses initiatives pour cette année des vingt ans de notre structure. Bien que ce programme soit très perturbé par la situation sanitaire et le confinement que nous vivons actuellement, nous ne lâcherons pas, quitte à repousser certaines actions dans le temps…

Cela a commencé en janvier dernier avec l'inauguration de la repasserie rénovée, où les repasseuses étaient à l'honneur et tellement touchées et fières. Nous allons aussi proposer avec une association amie[11], une ressourcerie éphémère aux tilleuls. Notre nouvel encadrant espace verts va relancer notre jardin pédagogique situé face à nos locaux et mis en sommeil depuis ces deux dernières années. Nous avons aussi décidé d'organiser un atelier artistique sur les gestes au travail débouchant sur un spectacle qui sera présenté au cours de notre assemblée générale voulue très conviviale cette année. En fin d'année, une matinée « rencontre-séminaire » de la Régie sera organisée en direction de tous nos clients partenaires. Et puis, parce qu'une association n'existe que grâce à ses adhérents, nous avons lancé une campagne d'adhésion massive. Pour finir, nous avons aussi décidé du livre que vous avez entre les mains avec les témoignages qu'il contient. Beau programme non ?

C'est donc l'ensemble de ce travail d'insertion sociale, professionnelle, mixé avec cette dynamique d'accompagnement global qui fait l'originalité de notre structure. Cette démarche porte ses fruits et permet à de nombreux salariés de trouver une issue positive à la suite de leur passage à la Régie. Le tableau suivant est parlant.

---

[11] La ressourcerie 2 mains, http://www.ressourcerie-2mains.fr/

Sorties des salariés en insertion

Entreprise d'Insertion	
2019	
Taux de sortie dynamiques	**67%**
Nombre de sorties prises en compte	**9**
2018	
Taux de sortie dynamiques	**56%**
Nombre de sorties prises en compte	**16**
2017	
Taux de sortie dynamiques	**40%**
Nombre de sorties prises en compte	**20**
2016	
Taux de sortie dynamiques	**63%**
Nombre de sorties prises en compte	**19**
ACI-La Repasserie	
2019	
Taux de sortie dynamiques	**50%**
Nombre de sorties prises en compte	**2**
2018	
Taux de sortie dynamiques	**75%**
Nombre de sorties prises en compte	**4**
2017	
Taux de sortie dynamiques	**50%**
Nombre de sorties prises en compte	**2**
2016	
Taux de sortie dynamiques	**29%**
Nombre de sorties prises en compte	**7**

« Le territoire d'une Régie est l'espace de solidarité et de cohésion sociale sur lequel elle intervient... ***Extrait Article 2 de la Charte Nationale***

Quel modèle économique, comment ça marche ?

Nous vendons nos prestations à des clients partenaires. Cette notion est très importante, j'y reviendrai en détails. Ces prestations représentent environ soixante-dix pour cent de notre chiffre d'affaires. Le reste est essentiellement constitué de subventions. Cette proportion est saine et traduit à la fois la gestion administrative et financière rigoureuse de l'association, et son mode de gouvernance qui ne l'est pas moins.

Les prestations partent d'un état des lieux et surtout du croisement des regards sur cet état des lieux de nos commanditaires et de nous-même au moment du diagnostic. De sorte que les prestations varient, évoluent, et ne sont pas les mêmes d'une Régie de quartier à une autre. Le développement endogène, que j'évoquais plus haut, oblige à tenir compte de l'histoire locale, des acteurs en présence, des forces, des faiblesses mais aussi des atouts et des opportunités d'un territoire.

Les prestations que nous développons sont diverses : Nettoyage urbain, de parties communes d'immeubles, de locaux. Débarras de caves, de greniers et mise en déchetterie. Entretien d'espaces verts et de jardins privatifs : taille de haies, tonte de gazon. Rotation de containers, vacation de ménage ou de gardiennage pour des bailleurs publics ou privés. Rénovation d'appartements en peinture et nettoyage. Intervention et nettoyage sur les punaises de lits. Peinture de bâtiment : intérieur et soubassements, effacement de tags et de graffitis. Repassage et divers services aux habitants, médiation sociale et environnementale, information, communication aux locataires…

Les tableaux qui suivent sont issus du rapport d'activité de l'année 2018, présenté au cours de notre Assemblée générale en juin 2019. On y retrouve les évolutions de notre chiffre d'affaire sur plusieurs années, par clients et types d'activités.

Le rapport était intitulé : « Une année de transition et de redressement. » Nous sortions en 2017 de moments difficiles avec le départ d'un directeur et une vacance du poste durant plusieurs mois, auquel s'est ajouté le départ de deux encadrants. Tous ces éléments expliquent la baisse du chiffre d'affaires, il est évidemment reparti à la hausse depuis. Les deux autres tableaux suivants montrent la diversité des clients partenaires et leurs engagements. Enfin, le tableau de chiffre d'affaires par activité indique que les activités principales sont celles du nettoyage urbain et ménager.

Pas étonnant, car c'est bien autour de ces deux métiers que s'est construit il y a vingt ans, le projet de Régie.

Dernière précision, notre repasserie fait pleinement partie de la structure. Mais sans trop entrer dans les détails, pour nos partenaires institutionnels et notamment les services de l'Etat, elle est répertoriée comme un « chantier d'insertion » avec des règles et une comptabilité spécifique au sein de l'association. Ce qui explique la distinction dans les tableaux qui suivent.

Chiffre d'affaires 2018

Chiffre d'affaires 2018 et comparatif avec 2017,2016,2015

Année	2018	2017	2016	2015
CA	495 046 €	563 668 €	604 222 €	692 440 €

RÉGIE de QUARTIER

Chiffre d'affaires par activité

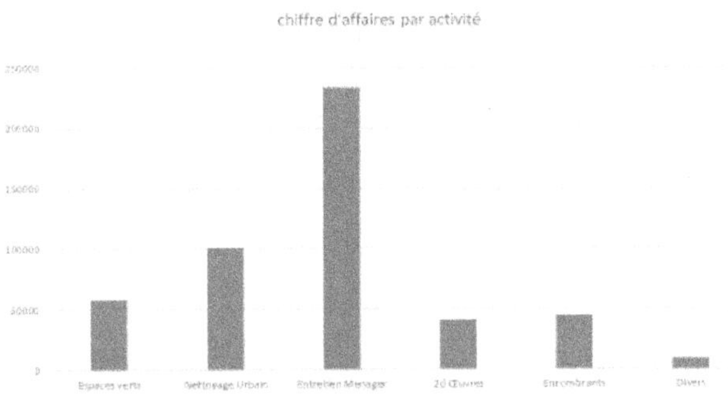

Evolution du chiffre d'affaires par client (2017/2018)

- France Habitation (- 23505 euros)
- Batigère (- 23000 euros)
- Vilogia (- 22976 euros)
- Cabinet Comte (- 12000 euros)
- Conseil Départemental 93 (- 8000 euros)
- ICF Habitat (+30 923 euros)
- Domaxis (+ 19724 euros)
- Emmaus Habitat (+ 17147 euros)

RÉGIE de QUARTIER

Chiffre d'affaires par clients

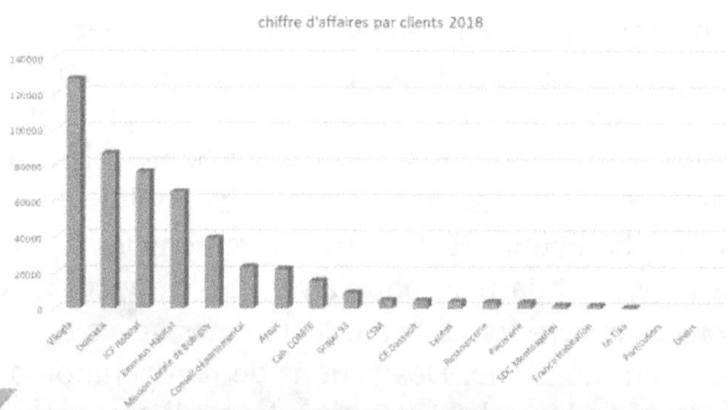

RÉGIE de QUARTIER

Au cours de cette même Assemblée générale, nous affichions également des objectifs ambitieux pour l'année 2019 :

- Consolidation et stabilisation des prestations existantes afin de passer d'un bon de commande à un marché. J'y reviens très vite.
- Marchés espaces verts avec Emmaüs Habitat et Seine-Saint-Denis Habitat.
- Compléter notre offre de prestations comme par exemple avec la lutte contre les punaises de lit, le nettoyage de graffitis.
- Renforcer le lien avec nos partenaires associatifs comme le PLIE, le Grajar 93, le Tilia, la Ressourcerie.[12]
- Retisser les liens avec l'ensemble des bailleurs du territoire.
- Mieux contrôler la qualité de service.

Et enfin, prospecter vers de nouveaux clients et augmenter le chiffre d'affaires après trois années de baisse.

Oui, pas d'autres alternatives que de prospecter régulièrement pour trouver de nouveaux marchés. Mais toujours en privilégiant une dynamique de développement endogène et les circuits courts. Les besoins sont immenses dans nos territoires. L'entretien des espaces publics ou appartenant aux bailleurs est bien trop rarement au niveau souhaité dans les quartiers populaires. Les services aux particuliers pour venir en aide aux personnes âgées ou en difficulté à leur domicile. Des actions de récupération d'objets pour le recyclage de matériaux, la médiation sous toutes ses formes… Bref, les besoins sont là, il n'y a plus qu'à y

[12] Le Plan Local d'Insertion et d'Emploi, le Grajar93 est un club de prévention spécialisé, le Tilia est un café associatif implanté au cœur du grand ensemble des tilleuls enfin, la Ressourcerie 2mains intervient sur le territoire de l'EPT « Terre d'envol ».

répondre et à positionner la Régie comme l'outil adéquat et facilitateur au sein du territoire concerné.

Les travaux et prestations que nous exécutons pour nos clients/partenaires font suite à des commandes ponctuelles sous forme de marchés à bons de commandes ou des contrats de prestation de service mais également, et c'est le cas de figure le plus sécurisant pour chacune des parties prenantes, de réponses à des appels d'offres dans le cadre de marchés publics.

Les textes ont évolué en la matière au fil des ans. Les nouvelles dispositions légales et réglementaires facilitent leur mise en place et apportent un cadre plus souple.[13]

Dans le cadre du lancement d'un marché public, il existe notamment plusieurs outils pour mettre en place une politique d'achat socialement responsable. Ces choix favorisent les petites et moyennes structures comme les Régies de quartier et constituent des gages d'innovation, de qualité, d'insertion professionnelle durable pour l'acheteur.

Plusieurs possibilités existent pour concevoir un marché public « à la carte ».

Le commanditaire peut lancer un marché ordinaire quel que soit son objet (entretien, nettoyage, jardinage...) dans lequel il établit des lots spécifiques de prestations (allotissement) qu'il souhaiterait voir réserver à une structure d'insertion comme la nôtre. Cela favorise la qualité des prestations et la proximité entre les parties prenantes.

L'acheteur peut également intégrer des considérations sociales et adapter le cahier des charges en conséquence. Mais aussi prendre en compte, grâce aux clauses sociales, des considérations relatives à l'innovation, à l'environnement, au domaine social ou à l'emploi.

---

[13] Cf. La loi en faveur de l'économie sociale et solidaire (ESS) a été adoptée le 21 juillet 2014. Ses objectifs : consolider le réseau, la gouvernance et les outils de financement des acteurs, redonner du pouvoir d'agir aux salariés, provoquer un choc coopératif et renforcer les politiques de développement local.

Il peut aussi décider de lancer un marché d'insertion à part entière. Dans ce cas, l'objet même du marché est celui de l'insertion des personnes et les prestations sont alors les supports. Dans la pratique, les réponses aux marchés sont quelques fois complexes et demandent du temps et de l'énergie. Mais finalement, lorsque la structure est retenue, cela garantit des prestations et des ressources sur un temps long qui peut s'étendre d'une à quatre années consécutives.

Une règle d'or à présent, la Régie se doit avant tout de vivre de la vente de ses prestations et non pas de subventions. C'est un point crucial. La Régie est une entreprise spécifique mais une entreprise avec son modèle économique que j'ai décrit plus haut. Son déploiement ne peut se faire qu'au travers du développement des services qu'elle réalise pour des clients. La vente de ses prestations c'est donc la garantie de son indépendance et de sa pérennité.

Les subventions ne sont pas à négliger, bien sûr. Mais, elles ne doivent jamais représenter l'essentiel des ressources de l'association. C'est bien souvent au démarrage de la structure, les deux premières années, que les subventions sont importantes et les bienvenues. Elles permettent d'amorcer la trésorerie qui à son tour permet de lancer les recrutements et le démarrage des activités. Notre structure a bénéficié de deux subventions d'aide au démarrage en 2000 et 2001. Elles provenaient de la ville et de l'Etat au titre de la politique de la ville. Depuis, nos subventions se sont stabilisées autour de quarante pour cent de notre chiffre d'affaire. Je dis souvent qu'il nous faudrait arriver à un équilibre en produits d'exploitation (vente de nos prestations) de l'ordre de 70 à 80 % du chiffre d'affaire et autour de 20 à 30 % pour les subventions d'exploitation. Nous y arriverons, j'en suis convaincu ! Nous sommes sur le chemin.

Le tableau ci-dessous précise la réalité de cet équilibre recherché depuis quelques années …

Equilibre des ressources de la Régie de quartier du Blanc-Mesnil

2018		
Produit d'exploitation	**824 769,35 euros**	**100%**
Chiffre d'affaires	495 046,53 euros	60%
Subventions d'exploitation	327 014,93 euros	40%

2017		
Produit d'exploitation	**959 407,40 euros**	**100%**
Chiffre d'affaires	563 668,62 euros	58,7%
Subventions d'exploitation	394 664,25 euros	41,3%

2016		
Produit d'exploitation	**970 421,25 euros**	**100%**
Chiffre d'affaires	604 222,38 euros	62,3 %
Subventions d'exploitation	352104,01euros	37,7%

2015		
Produit d'exploitation	**1 345 274,80 euros**	**100%**
Chiffre d'affaires	883 340,13 euros	65,6%
Subventions d'exploitation	452 518,83 euros	34,4%

On a bien compris d'où viennent les recettes d'exploitation. Mais alors d'où viennent les subventions ?

Le compte de résultats 2018 de notre association permet d'y voir plus clair :

Au chapitre subventions d'exploitation le montant total s'élève à : 327 014,93 euros sur un total des produits de 824 769,35 euros. Soit en millier d'euros :

- DIRRECTE Entreprise d'insertion (subvention de l'Etat) : 196 047,32
- ASP CUI CAE (contrats aidés) : 2 055,31
- Etat, Cohésion sociale (subvention politique de la ville) : 20 000,00
- PLIE (ACI, fonds social européen) : 30 000,00
- DIRECCTE ACI (subvention de l'Etat) : 61 912,30
- Subvention Conseil Départemental (EI) : 10 000,00
- Subvention Conseil Départemental (ACI) : 7 000,00

Sur le bilan 2017, deux autres subventions nous ont été accordées :

- FDI Développement (ACI, Etat) : 10 000,00
- FDI Consolidation (subvention de l'Etat) : 20 625,00

Avec ce manque à gagner en 2018, ajouté à la baisse de certaines, le delta entre 2018 et 2017 était d'environ 67 000,00.

Comme quoi, il faut se méfier des subventions qui restent toujours aléatoires !

Bon, ne soyons pas trop technique.

Il est temps de donner la parole à toutes ces belles personnes, salariés, bénévoles, clients, partenaires, que j'ai la chance de croiser dans notre structure. Elles contribuent à donner du sens à l'action collective et à l'engagement citoyen. Elles sont le fervent de l'énergie qui permet de continuer inlassablement le combat, pour que la vie de chacun et de tous soit toujours plus belle…

DEUXIEME PARTIE

> « *Rien n'est solitaire, tout est solidaire.* »
> Victor Hugo, Proses philosophiques

En cette année 2020, vous l'avez compris, notre association fête ses vingt ans. J'ai proposé au conseil d'administration de l'association qui l'a accepté de faire pour ce livre « le portrait » de vingt acteurs. J'ai conduit ces interviews au cours du premier semestre 2020.

Ils sont salariés en insertion, encadrants permanents, bénévoles ou clients partenaires. Leurs propos sont lumineux et plein d'espoir…

Paroles de salariés

Ici, la parole est donnée aux salariés de l'association dont la plupart sont en insertion. L'association est alors pour eux un tremplin pour sortir de la spirale du chômage et de l'exclusion. Avec au bout, le plus souvent la confiance en soi retrouvée, un pas vers l'épanouissement individuel et collectif. C'est du moins l'objectif commun des encadrants professionnels qui agissent en son sein au quotidien.

Pour cela, il m'est apparu important de donner aussi l'occasion à quelques personnels permanents de décrire leur action au quotidien, de sorte que vous compreniez bien le rôle de chacun.

J'ai interviewé un à un tous ces acteurs. J'ai voulu recueillir leur propos sur leur cheminement personnel et professionnel, en amont et dans la structure. Je les ai encouragés à me dire également leurs motivations, ce que leur parcours dans la Régie pouvait leur apporter sur le plan individuel et professionnel. Je les ai aussi invités à rêver en imaginant ce qu'ils pourraient faire s'ils avaient en main une baguette magique…

Ces paroles sont poignantes. Elles nous rappellent l'urgence d'agir pour une société plus humaine et solidaire ou chacun puisse retrouver le pouvoir d'agir pour sa vie et avec les autres.

Laissons leur la parole à présent.

Nacera, 42 ans, encadrante technique de la repasserie

« J'ai commencé par faire de la couture puis de la coiffure en Algérie. De retour en France en 1996, j'ai fait des petits boulots et je voulais préparer un CAP de pressing que j'ai finalement obtenu. Je suis restée chez le même employeur pendant plusieurs années. Il a réussi à me faire aimer le métier.

Je me suis mariée, j'ai eu deux enfants et je me suis arrêtée.

En 2014, j'ai été contactée par la Régie de quartier car j'étais demandeuse d'emploi. J'ai eu envie d'essayer et de partager mes savoirs faire aux salariés en insertion. Je n'avais pas le permis de conduire et j'avais des contraintes. Mon contrat à la Régie s'est terminé. Après une parenthèse, tout en gardant contact avec les anciens collègues, j'y suis revenue à nouveau en 2018 quand celle-ci m'a recontactée.

Le côté humain et social me plait beaucoup à la Régie. Les gens se battent pour réussir et retrouvent le courage de se lever chaque matin.

Ça m'apporte beaucoup de leur transmettre les gestes du métier mais aussi l'esprit d'équipe, les échanges… On passe beaucoup de temps avec les gens au travail. Les personnes reprennent confiance en elles et retrouvent une autre activité, un autre emploi durable. Parfois, je réussis à leur trouver une place dans des pressings. Ce passage à la Régie aide les salariés à reprendre une activité professionnelle, se lever le matin a du sens et lorsque nous avons des difficultés quelques fois, on peut les solutionner ensemble.

Certains salariés ont aussi des problèmes de santé ou de logement… On en parle en réunion d'équipe d'encadrants pour trouver des pistes et proposer des solutions.

Pour moi aujourd'hui la Régie de Quartier c'est une entreprise d'insertion.

Si j'avais une baguette magique je voudrais plus de sorties positives pour les salariés (une formation qualifiante ou un emploi durable), que le quartier s'améliore avec plus de liens avec les habitants et un accueil plus chaleureux encore. Encore beaucoup d'habitants ne nous connaissent pas. La Régie c'est aussi un outil pour aider la vie de quartier, améliorer la vie quotidienne, le voisinage, le respect… »

Véronique, 57 ans, repasseuse

« J'ai commencé à travailler à seize ans comme coiffeuse mais à cause des produits utilisés, j'ai eu de gros problèmes aux mains et j'ai dû m'arrêter. J'ai ensuite enchaîné d'autres métiers : préparatrice de commande, accueil en collège à la Courneuve. J'ai aussi été employée de bureau jusqu'en 2004 puis une longue période de chômage, des CDD et plus rien pendant près de 10 ans.

C'est une psychologue du travail qui m'a proposé cet emploi à la repasserie pour 20 heures par semaine. J'ai commencé en septembre 2018. Je n'aimais pas le repassage. Malgré cela, j'ai appris à bien repasser les chemises, les vestes, les draps… Il y a certains textiles avec lesquelles c'est pas facile !

Aujourd'hui, je suis contente d'avoir eu ce travail. Cela permet de se remettre dans le bain, on fait des connaissances et à la fin de la journée on est bien contente d'avoir fait quelque chose de concret.

C'est une nouvelle expérience, même si je n'aimais pas cela au départ. Et on demande des conseils à Nacéra c'est rassurant, elle est une bonne encadrante.

Après ce travail à la Régie, je ferais bien une autre expérience de repasseuse dans une autre structure.

Si j'avais une baguette magique je transformerais la Régie en plus grand, qu'elle soit encore plus renommée. Ça serait un grand pressing moins isolé à côté de nombreuses autres boutiques dans le centre commercial du quartier. »

Ousmane, 45 ans, ancien salarié de la Régie

« Je suis arrivé en France en septembre 2009. Avant j'étais en Guinée. Je ne suis pas allé longtemps à l'école. Je faisais de la peinture avec mon oncle et j'ai ouvert ma petite boutique de quincaillerie.

J'ai voulu me mêler un peu de politique mais j'ai eu des problèmes comme opposant et militant, j'ai fait de la prison et j'ai tout perdu…

Il a fallu que je quitte le pays. Ici, j'ai obtenu le statut de réfugié politique et j'ai eu une carte de séjour de 10 ans. J'ai fait un diplôme de niveau 5 de peintre et de décoration en bâtiment à Stalingrad à Paris. Ensuite, j'ai travaillé en intérim pendant quelques mois et à l'issue de cette période, j'ai été recruté par une association à Saint-Denis « Apijbat ». J'y suis resté pendant trois ans.

Ma femme et mes trois enfants étaient toujours en Guinée, alors j'ai demandé un regroupement familial en 2012 et je l'ai obtenu. Puis, j'ai fait encore de la formation professionnelle en 2014 toujours pour me spécialiser en peinture et à nouveaux une phase d'intérim. J'ai aussi voulu rejoindre ma petite sœur au Sénégal, elle avait perdu son mari dans un accident.

En revenant, je suis resté au chômage pendant huit mois et c'est là que pôle emploi m'orienté à la Régie de quartier. J'y ai fait beaucoup de peinture mais aussi le nettoyage urbain à la pince, les espaces verts, les encombrants, le ménage, le nettoyage de caves…

Je suis resté deux ans et à la fin de mon contrat j'ai travaillé avec Fleur, la conseillère insertion, à rechercher un autre travail. J'ai finalement été recruté en décembre 2019 dans une entreprise de peinture à Tremblay-en-France pour un contrat de trois mois qui se transformera sans doute en CDI. Je fais des chantiers de peinture et de travaux de rénovation.

La Régie m'a beaucoup apporté : cours de français, une formation de cariste. Depuis mon arrivée je suis à l'aise. Tout le monde est sympa. L'emploi que j'ai aujourd'hui, c'est la Régie qui me l'a trouvé.

Si j'étais magicien je souhaiterais plus d'emploi pour les habitants et ceux qui, comme moi, ont été en difficulté. Les associations aident les gens et c'est ça qui est bien en France. La Régie travaille beaucoup pour le quartier, autrement personne ne pourrait respirer ici. J'habite les tilleuls et la Régie y a un rôle très important.

Je remercie l'équipe, le président et son entourage. Je ne vous oublierai jamais. »

Yamina, 52 ans, repasseuse

« Je parle mal le français, je suis arrivé en France il y a deux ans. En Algérie je faisais de la couture pendant cinq ans et aussi des petits boulots de coiffure à la maison. J'ai fait une formation en pâtisserie mais je n'ai jamais travaillé dans ce domaine. Je suis mariée et avec mon mari nous sommes allés à pôle emploi et à la maison des tilleuls où j'ai suivi des cours d'alphabétisation.

C'est pôle emploi qui m'a proposé ce travail à la Régie comme repasseuse. Je suis arrivée en juillet 2018. Je suis bien ici avec les autres salariés. Nacéra nous explique bien notre métier et elle le fait doucement pour que ce soit simple. Je participe au cours de français et ça me plait. Je me sens plus à l'aise en français.

Je m'occupe aussi de l'accueil, de l'entretien des locaux et du matériel à la repasserie et quelques fois j'utilise la machine à laver.

Après la Régie de quartier, je souhaite retrouver quelque chose d'autre dans le repassage. J'aime ce métier.

Au début, je ne voulais pas rester en France car je parlais mal le français. Je ne suis jamais allée à l'école. Mais maintenant je me sens bien ici. J'ai trouvé une place et je comprends mieux le fonctionnement de la société française.

Si j'avais un baquette magique je voudrais plus de travail pour les gens et que le quartier soit embelli et mis en valeur. »

Khaled, 36 ans, opérateur espaces verts

« Avant je travaillais à Villepinte dans une grande copropriété privée comme jardinier et aussi dans une société d'espaces verts. On faisait « Les cottages » vers Roissy-en-France mais tout cela c'était que des contrats à durée déterminée. J'étais en lien avec mon conseiller à pôle emploi. Puis, la boutique emploi de Tremblay-en-France, ville où j'habite, m'a orienté ici. Je suis arrivé à la Régie il y a trois mois.

C'est bien. Il y a une belle équipe, de bons responsables qui prennent soin de nous et nous, en retour on leur rend l'ascenseur en faisant bien notre métier. Cela nous rend heureux. Les gens pour qui on travaille sont aussi heureux comme les habitants qui voient leurs espaces verts bien entretenus. J'aime bien mon équipe, les collègues sont « sympas ». C'est très important de travailler dans une bonne équipe. J'aime bien ce métier, j'aime la nature et c'est agréable de travailler dehors. En plus, on touche à plusieurs outils et machines différents. C'est varié.

Fleur, la conseillère insertion de la Régie m'a proposé une formation en jardinage, cela me fait un peu peur. Je n'ai pas fait d'étude en France mais au pays, en Algérie. Moi, je me suis formé sur le terrain avec une personne qui m'a bien appris les gestes du métier. Je suis curieux et j'ai appris beaucoup avec lui.

J'aime bien le travail à la Régie. Elle nous donne un coup de pouce, elle nous forme. C'est comme l'autoécole, on nous forme, on pratique et ensuite on peut conduire tout seul.

Si j'avais une baguette magique j'ouvrirais une nouvelle Régie dans une autre ville pour embaucher beaucoup d'habitants. J'aimerais aussi travailler à terme à la création de ma propre entreprise.

La Régie apporte du bien aux habitants. Si elle n'existait pas, ça serait encore plus difficile… La Régie est là pour prendre soin de la ville. Je suis vraiment content d'être là, d'apprendre… »

Assia, 46 ans, repasseuse

« Je suis en France depuis 2014, avant j'étais en Algérie ou j'étais coiffeuse durant vingt-quatre ans. Ici j'ai un peu galéré. Je n'ai pas eu mon CAP, uniquement la partie pratique.

Le PLIE[14] m'a orienté à la Régie et je suis arrivée en mai 2018. J'ai eu un très bon accueil avec des sourires. Avec mes quatre enfants j'ai été expulsée de mon loge-

[14] Plan local d'insertion et d'emploi

ment car le propriétaire voulait vendre son pavillon. A l'époque, Rosia, l'ancienne conseillère insertion m'a accueillie et avec Timothée le directeur, ils m'ont trouvé une solution de logement avec le 1% logement de la Régie. Le bailleur est Vilogia. Les collègues m'ont même accompagnée dans leurs locaux.

C'est une chance de pouvoir faire ce métier que je ne connaissais pas. J'ai appris le métier en vingt jours pour m'en sortir et j'en suis fier. C'est Nacéra, mon encadrante qui me conseille au quotidien et qui me permet d'être ce que je suis aujourd'hui. Le passé est le passé, je peux dire que je suis heureuse à présent.

Aujourd'hui, je vais pouvoir laisser ma place à une autre personne car j'ai trouvé un emploi à la nouvelle boulangerie restauration sur la place de l'eau. Je m'occuperai de l'accueil et de la caisse.

Ce que j'ai appris ici en France, c'est qu'il faut foncer et avoir plusieurs boulots. Je pourrais aussi éventuellement faire du repassage à domicile si j'ai besoin.

Je donne une chance à une autre voilà ce qui est bien. Durant cette période, je me suis améliorée en vocabulaire. Fleur, nous aide aussi beaucoup sur tous les trucs administratifs. Il y a eu des choses incroyables, ici, on aide vraiment les gens.

Ici c'est une équipe, un collectif, une famille.

Si j'avais une baguette magique je transformerais les locaux en plus grand pour que le plus grand nombre d'habitants puisse travailler.

Je veux être moi-même. Jusqu'alors j'ai pas fait ce que je voulais et aujourd'hui je me sens libre, autonome, c'est ça être soi-même ! J'ai eu cette chance et je souhaite que les gens soient heureux comme moi.

J'essaye toujours quand la chance se présente à moi. »

Guerline, 35 ans, ancienne salariée

« Je suis arrivée à la Régie en 2017 et je suis restée vingt mois. Tout le monde ici est gentil et j'ai appris beaucoup de choses. Ici, on nous aide les gens aussi à faire des démarches administratives, faire des courriers. Toujours à la disposition pour les gens, la Régie est restée dans ma mémoire.

Je suis arrivée en France en 2015, j'habite la cité des tilleuls. Avant, je vivais à Haïti. J'ai été serveuse puis employée dans un supermarché. C'est mon mari qui m'a fait venir en France. Ici, c'est un peu compliqué. C'est long pour avoir des papiers. Avec la Régie j'ai découvert plein d'endroits, de gens que je ne connaissais pas.

Je faisais le ménage au Sivuresc et à la cité Vacher. Je nettoyais les cages d'escaliers, les bâtiments, je faisais aussi les rotations de containers.

Moi, je trouvais le métier difficile, mais je le faisais avec mon cœur. Même enceinte je faisais mon métier. Avant mon encadrante c'était Zora maintenant c'est Hélène. Ce sont des personnes gentilles, des bonnes personnes. C'était bien !

Maintenant, je suis au chômage mais j'ai un projet de vente en ligne et de formation.

Si j'étais magicienne je souhaiterais plein de bonnes chances à la Régie qui accueille des gens comme moi qui n'ont pas d'expérience. Je dis merci à la Régie et bonne chance pour la suite. »

Valérie, 52 ans, ancienne salariée

« Avant d'être embauchée à la Régie je travaillais au collège de France pour faire le ménage mais c'était un contrat d'un an. Auparavant, je travaillais en intérim dans les produits pharmaceutiques, je faisais de l'emballage et ce n'était pas facile.

Ma conseillère pôle emploi m'a orientée vers la Régie. Elle était en lien avec le PLIE[15] du Blanc-Mesnil. Je faisais le ménage avec des collègues formidables et dans une bonne entente. Je nettoyais les locaux du PLIE, l'immeuble de la Sablière, et aussi les locaux de Dassault. J'aimais beaucoup faire le ménage à Dassault le matin. Je pouvais échanger avec les salariés qui étaient tous souriants. Je me sentais bien reçue. Même avec les gardiens à la Sablière.

Je suis restée deux ans à la Régie. J'ai appris beaucoup de choses. Sur le ménage bien sûr mais j'ai aussi passé mon code de la route dans le cadre de la formation professionnelle en interne avec l'aide de la Régie. Je l'ai eu du premier coup ! Je m'en souviendrais toute ma vie, tous mes collègues m'attendaient ici pour savoir si j'avais réussi. Il y avait une bonne entente avec tout le monde. En fin d'année, au printemps, aux anniversaires, on faisait des petites fêtes. On se retrouvait tous. Il n'y a pas beaucoup d'entreprises qui font ça. Ailleurs, on ne cherche pas à « mélanger » tous les salariés.

A la fin de mon contrat avec la Régie en décembre 2019, je suis partie en vacances une semaine et maintenant je viens de m'inscrire à la conduite. Dès que j'aurai mon permis et la voiture, je pourrai avoir une place dans une entreprise de ménage. J'ai le choix, je vais avoir deux entretiens prochainement. Je suis contente.

Les locataires de la Sablière étaient tristes de me voir partir. J'aimais bien ces relations. J'ai d'ailleurs été gardienne à l'OPIEVOY[16] durant trois ans, il y a six ou sept ans…

Mon souhait pour moi-même serait d'avoir un CDI pour pouvoir acheter ma maison et pour la Régie, qu'elle ait plein de contrats !

---

[15] Plan Local d'Insertion et d'Emploi

[16] Bailleur public et social

Je souhaite beaucoup de réussite pour toutes les personnes qui vont venir à la Régie car ils sont tous formidables et Hélène est une cheffe formidable. »

Djamel, 55 ans, directeur technique à la Régie

« C'est pôle emploi qui m'a trouvé cet emploi d'opérateur de quartier. Je suis arrivé à la Régie en 2004. Avant, je faisais de la sécurité, je suis un ancien militaire de carrière. Au bout d'un an, on m'a proposé d'être chef d'équipe puis encadrant technique, enfin, aujourd'hui je suis directeur technique.

Mon travail consiste à coordonner les encadrants techniques des espaces verts, ménage et repasserie. J'ai des liens avec les bailleurs au travers des gardiens notamment, les habitants, clients et particuliers qui sollicitent la Régie. Je fais des devis, des plannings, j'accompagne des salariés sur le terrain et je contribue à leur formation. Je leur montre le matériel, les machines, je prends des rendez-vous avec les fournisseurs, clients…

Mon travail consiste aussi à gérer les remplacements de gardiens, à organiser les chantiers peinture. (Collèges, lycées, cages d'escaliers d'immeubles, appartements de particuliers)

Je suis bien vu avec les habitants et j'aime les habitants, j'aime accompagner les salariées, les nouveaux, ils apprennent et découvrent plein de choses. J'aime bien leur faire découvrir tout cela. Mon but est de leur faire connaitre des métiers qu'ils ne connaissaient pas. Ce qui me réjouit c'est de voir des salariés trouver un métier qui leur plait.

On apporte aussi beaucoup de choses au quartier. Les habitants savent qu'on est là. Ils voient que nous faisons des choses pour eux et ils nous le disent « heureusement que vous êtes là, sinon le quartier serait une vraie déchèterie ». Ce qui me plait, c'est de rendre service aux habitants.

Le vendredi, tous les quinze jours, on fait notre réunion d'équipe et c'est important. Fleur fait aussi un travail d'accompagnement des salariés, impôts, carte vitale, carte d'identité, logement. Quelquefois aussi sur des problèmes privés... C'est le vendredi en réunion d'équipe qu'on cherche aussi des solutions pour toutes les situations des salariés. C'est là aussi qu'on prépare les fêtes, initiatives publiques avec les partenaires comme le Tilia[17].

Avec notre nouveau directeur Timothée, depuis 2018, les choses fonctionnent bien. C'est un bon directeur.

Si j'avais une baguette je resterais à la Régie qui a vingt ans cette année et je lui en souhaite au moins autant. Il ne faudrait pas qu'on s'agrandisse trop quand même. Pour rester proches les uns et les autres au sein de notre association.

Je trouve formidable le travail accompli par tous les membres du bureau qui depuis 20 ans s'acharnent et s'engagent pour l'association. »

Djamila, 57 ans, salariée opératrice de quartier

« Je travaille comme femme de ménage. C'est bien. Je fais aussi des cours de français avec la Régie. Je suis arrivée ici en 2017. Avant, je ne travaillais pas, je ne trouvais pas de travail. Je suis arrivée en France et à Blanc-Mesnil en 2013. Je ne parlai pas le français, c'était difficile.

Aujourd'hui, je nettoie des locaux un peu partout dans la ville. Ce qui me plait c'est de travailler et de faire les cours de français. Depuis un an, je suis une formation de qualification professionnelle avec le CNLRQ comme agent d'entretien et de proximité. Le 10 janvier 2020 j'ai

---

[17] Café associatif des Tilleuls, partenaire de la Régie. http://www.letilia.org/

obtenu le certificat avec mention excellent comme a dit mon examinatrice.

En mars, je quitterai la Régie mais avant je vais prendre rendez-vous avec Fleur, j'aimerais continuer ce métier ailleurs.

Ici c'est bien, c'est bon, mon encadrante me soutient. Je voudrais que la Régie m'aide encore pour trouver un autre travail, un autre logement… »

Paroles de bénévoles

Sans ses bénévoles, une association n'existe pas. J'en ai donc interviewé quelques-uns parmi la vingtaine que compte notre conseil d'administration. Le choix n'a pas été facile mais je l'ai appuyé sur la diversité des acteurs, tantôt habitants de la commune, « clients-partenaires », partenaires institutionnels de la Régie, entreprise privée… Je leur consacre ici un espace de valorisation pour ce qu'ils sont et ce qu'ils font.

L'engagement et le bénévolat sont dans notre société de bons moyens pour lutter contre l'isolement, le repli sur soi et développer les solidarités, cela d'autant : *« Qu'alors que l'engagement citoyen est majoritairement plébiscité par les Français et que les outils de communication se diffusent, on constate pourtant des entre-soi voulus ou subis dans notre société qui maintiennent les citoyens dans des groupes étanches. Urbains, ruraux, citadins, banlieusards, athées, croyants, jeunes, personnes âgées, classes aisées, ménages modestes, femmes, hommes, personnes handicapées, employés, chômeurs, voisins de palier peinent à interagir. Les outils numériques et la mobilité des individus n'ont pas réussi à endiguer l'expansion de la solitude et de l'isolement. Cette absence de lien entame fortement la confiance des Français : en 2014, 52% d'entre eux estimaient que l'on n'est jamais assez méfiant envers les autres. Ces multiples fractures remettent en cause l'idée même d'un socle commun, d'un modèle social et citoyen capable de donner corps à notre société.*

- *1 Français sur 5 se sent seul ;*
- *75% des Français estiment que la cohésion de la société est fragile ;*
- *+ de 5 millions de Français sont en situation d'isolement.*

Chiffres : étude de la Fondation de France, 2013 ; CREDOC, Baromètre cohésion sociale, 2014 ; Fondation de France, Les solitudes en France, 2016

Tous ces bénévoles engagés et déterminés reviennent sur leurs parcours, leurs motivations. Mais aussi les effets de leur engagement sur eux-mêmes, les autres. Ils nous disent aussi leur vision du monde, d'un monde meilleur.

Isabelle, 54 ans et Béatrice, 57 ans, bénévoles et administratrices de l'association

Toutes les deux sont éducatrices de jeunes enfants. Isabelle est aussi directrice de la crèche des tilleuls. Elles ont choisi de faire cet entretien à deux voix…

« Le point de départ de notre engagement c'est ta proposition Patrick, de s'inscrire dans le Conseil d'Administration.

Je travaille dans le quartier précise Isabelle et très vite j'ai ressenti de belles choses avec les gens. Ils sont chaleureux, prêts à échanger.

Pour Beatrice, c'est un peu la même chose. En plus, on aime faire des choses ensemble. Les tilleuls c'était très loin pour moi, j'ai toujours habité au sud de la ville… Mais surtout, j'ai un mari qui est un peu passé par là, alors la Régie ça m'a fait écho et j'ai trouvé intéressant de faire quelque chose pour des gens qu'on a laissé tomber en quelques sortes.

Aujourd'hui, nous sommes toutes les deux au Conseil d'Administration. Le CA soutien les décisions qui sont prises au jour le jour par le bureau. On aimerait en faire un peu plus et donner encore plus de coups de mains.

Isabelle comme Béatrice, souhaitent plus encore rencontrer les salariés : ça sera l'occasion avec l'inauguration des locaux de la repasserie à la fin Janvier 2020.

Quelques salariés n'ont rien fait de leur passage à la Régie mais pour d'autres cela aura été un vrai tremplin pour rebondir dans leurs vies personnelles et professionnelles. Ces personnes retrouvent de la fierté et certains créent même leur propre boîte.

On vit dans une société de plus en plus difficile. Pour ces personnes qui arrivent à la Régie, s'il n'y a pas de lieux comme le nôtre que deviennent-ils ? On est un peu comme une main tendue et on peut faire des chaines humaines pour que chacun trouve sa place.

Notre engagement touche à nos valeurs de soutien, d'entraide, de partage et aussi à la rencontre de l'autre. On découvre les autres, et quand on donne, on reçoit.

Ce qui me fait rester, c'est l'esprit positif de la Régie malgré les nombreuses embuches, décès brutal du directeur en 2015, perte des marchés de la ville, difficultés avec la municipalité. En fait, je donne et je reçois. Cet engagement, précise encore Isabelle ça remplit aussi en partie ma vie.

Si nous avions une baguette magique, il faudrait que la Régie ne soit pas oubliée dans les projets d'aménagement à venir. »

Beatrice souhaiterait aussi un développement de la Régie, qu'elle fasse des petits un peu partout…

Carole, 52 ans, bénévole et administratrice

Carole est responsable des ressources humaines au sein d'une autre Régie de quartier à Paris. Elle occupe cette fonction d'administratrice à la Régie du Blanc-Mesnil depuis 2018.

« Jusqu'en juin 2017, j'étais directrice adjointe à la Régie, je travaillais sur l'accompagnement des salariés et leur l'insertion. En 2003, lorsque j'ai commencé, j'étais coordinatrice sociale. En fait, je m'occupais du volet social de la régie comme disait Mourad, l'ancien directeur, qui lui portait plutôt le volet économique. C'était une gestion bicéphale comme il aimait à dire.

Auparavant, j'ai travaillé dans des associations et clubs de prévention qui avaient tous pour particularité d'être gouvernés et gérés par des habitants.

Au conseil d'administration, j'ai vraiment le sentiment de participer à la vie de l'entreprise. On aborde le recrutement, les nouvelles activités, le plan d'action financier, on parle chiffre d'affaires aussi. Ça c'est super intéressant et surtout les dimensions de l'économie sociale et solidaire avec l'insertion et le lien social apportent un vrai plus. Je me sens réellement actrice des décisions de l'avenir de notre entreprise associative. C'est passionnant !

On essaie aussi de travailler en commission où j'apporte mes compétences professionnelles sur des projets de formation, de mobilisation, la culture, l'implication des salariés dans leur quartier. Par exemple, pour les vingt ans de la Régie on va monter un atelier artistique sur les gestes de nettoyage avec un artiste clown et monter un spectacle. Salariés et encadrants vont mettre en scène leurs gestes professionnels. Au-delà, on va apprendre à prendre soin de son corps, apprendre à mieux avoir confiance en soi et être plus à l'aise pour trouver un emploi en sortant de la Régie ou par exemple au moment d'un entretien d'embauche.

Quand j'ai quitté l'association en tant que directrice adjointe, je voulais aussi rester en lien avec le département de la Seine-Saint-Denis, territoire très innovant, avec des habitants chaleureux. J'y suis très attachée, comme avec la ville du Blanc-Mesnil et le quartier des tilleuls. Du coup, tout cela m'inspire aussi pour mon activité professionnelle à la Régie du 19e à Paris. Notamment pour ce qui concerne les actions artistiques ou celles autour du tri à la source.

Si j'avais une baguette magique je gagnerais un soutien des élus locaux et de tous les bailleurs sociaux de la ville. Mais je voudrais aussi continuer à travailler avec des administrateurs et des professionnels aussi dynamiques. »

Janine, 78 ans, bénévole et trésorière

« Depuis vingt ans, je suis à la Régie comme bénévole et trésorière. J'ai été aussi présidente de 2010 à 2017. Ce sont toujours des missions qui me semblent très importantes et en tant qu'habitante, j'ai trouvé le sens du bénévolat. J'ai appris beaucoup sur l'insertion et le travail à faire pour aider les personnes. A la retraite, j'ai trouvé plus qu'une occupation, c'est devenu une activité à part entière, « une deuxième carrière » pour apporter de l'aide à tous les gens qui passent ici et en ont besoin. J'ai envie de continuer encore cette mission qui m'apporte beaucoup. C'est une partie de ma vie.

Je suis d'abord une actrice de la Régie, c'est la relation et l'échange avec les salariés qui me plait beaucoup. J'ai beaucoup aimé travailler auprès de notre ancien directeur Mourad. Il y avait une grande collaboration et complicité entre nous et aujourd'hui c'est pareil avec Timothée notre directeur actuel.

Aujourd'hui comme trésorière, il me semble faire une importante activité pour l'association. Je me suis occupée aussi avec Gérard des questions de personnel. Je suis très attentive à ce que nos factures soient payées rapidement par les clients de la Régie. Je n'hésite pas à me déplacer chez eux pour que l'argent entre dans les caisses car derrière, il faut payer les salariés.

Quand je travaillais, j'étais en contact avec le service achat de mon entreprise. J'ai toujours été sensible aux questions d'organisation au sein d'une entreprise.

L'équipe qui était là au démarrage il y a 20 ans est toujours restée fidèle aux valeurs sur lesquelles nous avons construit notre association.

Si j'avais un baquette magique je souhaiterai une régie toujours active et avec un grand avenir. »

Paroles de clients-partenaires

Oui, c'est ainsi que nous qualifions nos clients. Ils sont ou deviennent aussi des partenaires à part entière. Cette notion de client-partenaire est importante pour deux raisons essentielles.

D'abord, parce que le salarié en insertion effectue durant son passage dans notre structure un processus qui vise une transformation comportementale et professionnelle individuelle. Chacun des intervenants, à chaque étape de ce parcours, possède une part de responsabilité dans cette démarche globale d'accompagnement et d'insertion. Par exemple, après nos interventions sur site, nous demandons un retour de celui qui nous a commandé l'intervention et si possible en présence des salariées concernés. Il s'agit d'une évaluation qui permet de comprendre pourquoi telle ou telle appréciation est donnée. Elle est ensuite discutée avec le responsable d'équipe et ses collègues. Ce qui est visé c'est l'amélioration des gestes et des comportements professionnels individuels comme collectifs des salariés.

L'autre intérêt que nous voyons dans cette approche client-partenaire, c'est qu'elle permet à plusieurs acteurs d'avoir la meilleure expertise du territoire de nos interventions. Mais aussi, le regard croisé le plus pertinent sur les dysfonctionnements que nous allons être capable de diagnostiquer ensemble. Ce point est important, car il participe de notre démarche de développement endogène du quartier voire d'un territoire plus vaste.

Alors que nous disent nos clients-partenaires ?

Le regard que portent tous ces témoins sur la structure et ses salariés est d'une grande lucidité. Ainsi, après avoir fait l'expérience de ce cheminement avec la Régie pour différentes interventions ponctuelles ou durables, ils conviennent principalement tous de deux choses essentielles à mes yeux : la qualité des prestations que nous réalisons pour eux et surtout de grandes compétences des salariés en même temps que leur humilité.

J'aime rappeler que la plupart du temps ces salariés sont de très bons professionnels. La vie a fait, comme cela pourrait arriver à chacun d'entre nous un jour, qu'ils ont perdu les pédales. Principalement à cause d'un licenciement, d'un gros problème de santé, d'une séparation mal vécue ou encore un départ brutal d'un pays d'origine en guerre… Pour certains, ils exerçaient des responsabilités dans de grandes entreprises ou en service public.

Philippe, secrétaire du CSE, comité social et économique chez Dassault-Falcon

« Je suis le secrétaire du CSE depuis un an seulement, fraichement élu donc. Salarié de Dassault-Falcon service je suis également responsable de la coordination technique qui répare les avions. Pour mon prédécesseur, comme pour moi, la Régie de quartier et son projet nous tiennent à cœur.

Fils d'un maçon et d'une femme de ménage, c'est le social qui m'a attiré au CSE. Je sais ce que représente le travail de ses mains, parfois pénible. C'est peut-être cela aussi qui me rapproche de votre structure comme de ce qui m'a poussé à prendre des responsabilités au comité social et économique de mon entreprise. Tout ceci était donc logique.

Au travers de ce partenariat développé depuis plusieurs années, j'ai le sentiment de faire vraiment quelque chose d'utile… Je rencontre beaucoup de femmes salariées de votre structure qui viennent faire le ménage dans les locaux du CSE. Ces femmes sont touchantes, discrètes, toujours à l'heure et font très bien leur travail. Alors, on a envie de les accompagner. Les locaux qu'elles nettoient, étaient au départ une cantine pour les salariés de Dassault puis, ils sont devenus notre salle polyvalente, un espace de détente pour les salariés.

Nous avons dû faire des travaux de remise en état de ces locaux il y a quelques mois. Ce sont aussi les salariés de la Régie de quartier qui sont intervenus. Il s'agissait de réparer des plaques de placo. Les travaux ont été très bien fait. Fils de maçon et quelques-fois à l'œuvre moi-même pour des travaux à mon domicile, je peux vous le dire, votre personnel a fait un travail nickel.

Plutôt que de faire des dons parfois, on devrait faire travailler les gens qui ont des mains en or !

On n'a jamais parlé autant de burn-out et de mal être au travail. Un jour la ficelle casse, mais si l'on redonne confiance aux gens et c'est ce que vous faites, ça marche.

On a l'impression d'aider véritablement les gens et de contribuer à quelque chose de bien et d'utile.

Je voudrais bien que l'on développe plus encore notre partenariat. La directrice des moyens généraux pourrait être intéressée notamment par l'entretien de véhicules de services…

On a tous à gagner dans ce partenariat. Vous m'avez prouvé que vous êtes à la hauteur ! Une entreprise comme la nôtre a besoin de vous. Grâce à vous ça roule tout seul.

Je reviens sur ces dames qui font le ménage, elles sont attendrissantes et d'une discrétion absolue. Il devrait y avoir des structures comme la vôtre dans toutes les communes. Quelle bonne initiative et belle idée d'avoir créé cette association il y a vingt ans. Bravo.

Si j'avais une baguette magique, il y aurait beaucoup moins de misère ! Toutes les entreprises devraient avoir l'esprit Régie de quartier. La vraie vie, c'est prendre soin de soi et des autres. »

Madani Moussaoui, gardien chez Vilogia

Madani est un enfant du quartier. Il est gardien depuis mai 2010 chez Vilogia, un des bailleurs sociaux de la cité des tilleuls.

« Au début, j'ai fait le lien entre la Régie et le bailleur après une rencontre informelle avec Mourad, l'ancien directeur qui m'a expliqué ce que proposait la structure.

La Régie effectue le nettoyage des extérieurs de la cité et du centre commercial. Il y a de très nombreux détritus à ramasser. Chaque automne, le ramassage des feuilles est aussi confié à la Régie et ponctuellement, le débarrassage de caves. Ces prestations ont été mises en place depuis 2011. Il y avait aussi les encombrants une fois par semaine mais cela a cessé depuis quatre ou cinq ans.

Pour moi, il n'y a pas vraiment de différence entre la Régie et une autre entreprise. Une entreprise c'est une entreprise et elle doit bien faire son travail. Ce qui compte, c'est la qualité des salariés et de leurs interventions. Quand il y a des difficultés avec des salariés de la Régie dans l'exécution de leurs missions, on le fait savoir au responsable technique de la Régie.

L'atout de la Régie c'est qu'elle est sur le terrain. Vous êtes là, facilement accessibles. La proximité c'est important. En plus, vous êtes une entreprise solidaire et ça a du sens. C'est vraiment cet argument qui a fait que nous avons décidé de travailler en partenariat avec votre structure. Quand ce sont les gens du quartier qui interviennent, ils s'impliquent encore plus dans leur travail.

J'ai souvent participé avec mes différents responsables, aux assemblées générales et autres initiatives publiques de la Régie. Je suis un blanc-mesnilois avant tout, donc je m'intéresse à la vie des associations du quartier. Je disais à l'époque au sein de Vilogia, que le travail avec les partenaires d'un quartier est quelque chose de très important. On a besoin de vous et vous avez besoin de nous.

Si j'avais une baguette magique, je voudrais que la Régie puisse faire travailler encore plus d'habitants de la cité et que les salariés soient plus impliqués dans leur quartier. Peut-être aussi un accompagnement plus soutenu des salariés dans l'exécution des travaux. J'ai en tête un salarié qui galérait pour ramasser les feuilles. Je lui ai proposé d'utiliser un souffleur mais il m'a répondu qu'il n'aimait pas ça…

Ce que je souhaite enfin à votre association, c'est la prospérité ! »

Aude Hanoun, Chargée de développement social et urbain chez APES-DSU

L'APES-DSU travaille pour le compte de bailleurs sociaux affiliés à Action Logement.

« L'APES est l'opérateur en développement social et urbain du bailleur social Seqens, qui rassemble cinq anciens bailleurs dont Domaxis, et France-habitation. Au Blanc-Mesnil, leur patrimoine représente près de 1500 logements répartis en trois patrimoines : les cités Vacher, Espace et Azur.

J'interviens à Blanc-Mesnil depuis seulement deux ans. Je n'ai donc pas l'historique de ce partenariat de très longue date, puisqu'il s'est mis en place dès la création de la Régie de quartier, il y a maintenant vingt ans.

La Régie, par ailleurs, occupe aussi un local dans un des patrimoines de Seqens, pour des activités diverses comme des formations et des réunions.

L'apes et le bailleur Seqens font intervenir la Régie pour différentes prestations allant de la sortie des ordures ménagères au remplacement de gardiens lors de congés ou arrêts maladies, à des interventions plus ponctuelles comme le rebouchage des nids de poules, le nettoyage de parties communes ou encore des missions de déplacements de meubles lors de gros travaux programmés chez des locataires.

Nous travaillons actuellement avec la Régie à la remise en place d'un partenariat sur la gestion des encombrants ; partenariat interrompu à la suite d'un changement de tarification de la déchetterie. Nous espérons pouvoir aboutir rapidement sur cette question. Cette réflexion nous a amenés, avec la Régie, à étudier la mise en place d'actions collectives en pieds d'immeubles autour du recyclage et du réemploi des objets et ainsi travailler sur les usages des habitants.

La Régie, qui emploie des habitants du quartier, pourrait parler à d'autres habitants de ces questions. Le discours aura, on l'espère, un impact plus fort. »

La question de l'accès à l'emploi est centrale puisqu'elle donne du sens au partenariat entre le bailleur, l'APES et la Régie. Avec votre structure, on y travaille concrètement et l'ensemble des actions menées, met en lumière l'insertion et la réinsertion des personnes. Pourquoi faire appel à des entreprises extérieures alors qu'on a sur le quartier les ressources locales ?

Cela a du sens de faire avec le local : la compréhension et l'amélioration du cadre de vie sont facilitées lorsque les habitants parlent aux habitants. On sort aussi des discours de culpabilisation, on est dans la bienveillance. Les salariés ont un regard positif sur ce qu'ils font et les habitants sur ce qu'ils sont.

Si j'avais une baguette magique… Difficile de me projeter avec la situation particulière que nous vivons actuellement. Emploi, fracture éducative, sociale avec la crise actuelle, sont autant de sujets sur lesquels il va falloir être vigilant… Mais tout de même, souhaitons que chacun y trouve son compte, que les habitants s'y retrouvent. La Régie pourrait développer plus encore ses actions d'amélioration de l'environnement quotidien et d'accès à l'emploi.

Delphine Depaix, Emmaüs-habitat

Delphine est directrice des politiques sociales urbaines chez Emmaüs-habitat.

Emmaüs Habitat est une entreprise sociale pour l'habitat qui, depuis 1954, année de sa création à l'initiative de l'Abbé Pierre, a construit et gère un parc locatif social de plus de 14 000 logements en Île-de-France. « *La société centre son développement stratégique autour de trois axes : la production et la rénovation durable pour répondre aux besoins en logement social en Île-de-France, l'amélioration de la qualité du service rendu à l'écoute des locataires et des partenaires locaux par le développement de projets sociaux innovants. L'accompagnement des personnes et des familles dans leur parcours résidentiel, du centre d'hébergement au logement locatif autonome et parfois jusqu'à l'accession à la propriété.* »

Au début de notre entretien, Delphine que je connais professionnellement de longue date, me précise avoir fait le tour en interne des collègues interlocuteurs de la Régie de quartier et elle commence ainsi :

« Tous sont unanimes pour dire combien ce partenariat est exemplaire !

Il y a eu une période de « trou » après le départ de l'ancien directeur. Mais depuis l'arrivée du directeur actuel, nous sommes pleinement satisfaits. On apprécie la grande agilité de la structure. Notamment pour les actions de tri sélectif, la collecte de jouets pour le Noël solidaire, ou encore les initiatives de sensibilisation à l'écologie urbaine. En plus de cette grande agilité, nos relations partenariales sont toujours placées sous les signes de la sympathie et de la convivialité.

Les salariés semblent heureux de faire leur travail et ils s'y impliquent. Membre du mouvement Emmaüs, notre société porte une grande attention aux entreprises d'insertion. Nous y sommes fortement attachés et elles méritent le respect pour le travail qu'elles accomplissent. Tout ce qui implique les habitants est très important. Cela c'est aussi le choix d'une politique interne d'Emmaüs. Nous prévoyons, dans les appels d'offres de marchés aux entreprises, une clause d'insertion.

La Régie a un véritable ancrage dans les quartiers où elle intervient et cela est également essentiel. La plus-value que vous apportez pour les habitants du territoire c'est de les aider à retrouver une dignité et une place dans la société. Et cela est d'autant plus vrai dans des quartiers très touchés par les difficultés sociales et économiques. Finalement, vous êtes un outil de requalification des personnes.

Et puis, il y a aussi un effet miroir positif pour les autres de voir des habitants de son quartier travailler le plus souvent sur des actions altruistes, avec des métiers où l'on se tourne vers les autres. Quand ce sont les habitants qui font eux-mêmes la peinture dans une cage d'escalier on a plus de chance que ça tienne sur le long terme.

Si j'avais une baguette magique… Je vous souhaite de durer dans le temps, sans trop de soubresauts et avec une gouvernance qui vous permette de vous épanouir sereinement. Un déploiement harmonieux et paisible, une action renforcée…

Des idées pour l'avenir… Une autoécole solidaire ? Le permis coute très cher et il est très discriminant notamment pour les femmes, les jeunes.

En réfléchissant à la Régie de quartier, je ne peux pas m'empêcher d'avoir une pensée pour Mourad, quelqu'un de charmant et de bienveillant. »

Madame Yahia, Adjointe gestionnaire de collège

Adjointe gestionnaire au collège Pierre-André Houel à Romainville, madame Yahia s'occupe de la gestion financière et matérielle de cet établissement scolaire. Pour l'interview, elle préfèrera répondre par échange de mail à plusieurs questions que je lui ai donc fait parvenir. Les voici : Vous êtes clients-partenaire de la Régie de quartier depuis combien de temps ?

Quelles sont les prestations sur lesquelles nous intervenons pour vous ?

Etes-vous satisfait de ce partenariat ? En quoi et pourquoi ? (N'hésitez pas à être très concret)

Pourquoi avez-vous choisi une entreprise comme la nôtre pour ces prestations ?

Quelles plus-values recherchez-vous ?

Comment voyez-vous l'avenir de notre partenariat ?

Que diriez-vous de notre structure, du moins de ce que vous en savez ou voyez ?

Et voilà ses réponses, elles sont brèves mais pas moins intéressantes :

« J'ai connu la Régie de quartier pendant l'année scolaire 2017/2018, en discutant avec notre fournisseur espace vert, c'est lui qui m'a donné vos coordonnées.

J'ai contacté la Régie pour des travaux de peinture et d'entretien d'espaces verts.

Je suis très satisfaite du travail de l'équipe. L'organisation, la rigueur et le sérieux sont au rendez-vous !

En faisant appel à une structure comme la vôtre, nous souhaitons ainsi bénéficier de prestations de qualité tout en participant au renforcement de vos actions sociales.

Pour la suite, nous souhaitons agir dans la continuité en cherchant des améliorations constantes. »

Joseph Ntjam, Direccte 93

Joseph Ntjam, occupe la fonction de chargé de mission territorial à Direccte 93, au pôle des politiques de l'emploi. Nous nous connaissons depuis bien longtemps puisqu'il avait la charge de notre territoire au moment où nous avons créé la Régie de quartier. Nous avons eu l'occasion d'échanger ensemble de nombreuses fois à l'époque, au cours de réunions sur la politique de la ville dans les comités techniques et de pilotage de cette politique publique. Il a toujours été à l'écoute et disponible pour nous accompagner et nous aider. Habitant la commune avec sa famille, nous nous croisions souvent au cours d'évènements culturels et artistiques. Nos filles ont fait de la musique ensemble… Une amitié est née et c'est avec beaucoup de joie que j'ai conduis l'entretien qui suit. Il était aussi important pour Joseph de témoigner de cette aventure…

« A cette époque, j'étais coordonnateur emploi-formation et j'avais en charge la politique de la ville et la politique d'emploi sur les communes du nord du département (Aulnay-Sous-Bois, Le Blanc-Mesnil, Sevran, Villepinte et Tremblay-en-France) donc le volet insertion par l'activité économique (IAE). C'est à cette occasion que j'ai suivi le processus de création de la Régie et son évolution.

Il faut savoir que l'insertion par l'économique s'est beaucoup développée dans les années 1995-2005 sous l'effet de la croissance du chômage, pour devenir un véritable dispositif d'accès à l'emploi.

Elle avait et a toujours pour objet de permettre à des personnes sans emploi, rencontrant des difficultés sociales et professionnelles particulières, de bénéficier d'un contrat de travail en vue de faciliter leur insertion professionnelle.

Pour mettre en œuvre cette politique, l'Etat fait appel aux structures dont le projet d'insertion est jugé compatible avec les objectifs d'accès et de retour à l'emploi. Elles reçoivent de l'Etat l'agrément de « structure d'insertion » et il en existe quatre de nature variée : le Chantier d'insertion (ACI), l'Association intermédiaire (AI), l'Entreprise d'insertion (EI), l'Entreprise de travail temporaire d'insertion (ETTI).

Pour compléter la structuration de l'IAE, l'Etat a mis en place avec le concours des collectivités locales, deux dispositifs d'ingénierie : Le dispositif local d'accompagnement (DLA) afin d'aider à consolider et renforcer le modèle économique de la structure, et d'accompagner les dirigeants dans leur fonction d'employeur.

Et le Plan local pluriannuel pour l'insertion et l'emploi (PLIE) pour permettre l'accès à l'emploi durable des personnes exclues du marché du travail. Il propose un accompagnement individualisé et renforcé des publics, une prise en charge globale de la personne et un référent unique. Par ailleurs, il coordonne et mobilise l'ensemble des acteurs intervenants en matière d'insertion sociale et professionnelle sur son territoire.

C'est tout cet ensemble ainsi décrit qui constitue l'IAE au sein de la politique d'emploi de l'Etat. Et c'est dans ce contexte et cette dynamique qu'ont été créés la Régie de quartier et le PLIE.

La Régie est un acteur de l'insertion par l'activité économique reconnu par l'Etat (DIRECCTE) parce qu'elle porte deux structures : le chantier d'insertion « La Repasserie » (ACI) et une Entreprise d'insertion (EI) qui propose ses services aux entreprises et collectivités.

Par cette reconnaissance, l'Etat s'engage au travers d'une convention, à apporter à la Régie un soutien financier dans la mise en œuvre de son projet d'insertion et fixe en contrepartie des objectifs de sorties en emploi ou en formation des personnes accompagnées. Le montant financier de la convention est fonction du nombre de personnes accompagnées par la structure.

A cette subvention peuvent s'ajouter les aides du Fonds départemental d'insertion (FDI) telles que les aides au développement pour financer des projets d'investissements de croissance ou d'investissements nécessaires à une réorientation des activités, des aides au démarrage ou à la professionnalisation.

Les services de l'Etat (pôles des politiques d'emploi et de la politique de la ville) sont intéressés par la Régie de quartier parce qu'elle est à la fois « actrice » et « instrument » de ces politiques.

Pour le pôle des politiques d'emploi, cet attachement s'explique essentiellement pour son action d'insertion professionnelle. En effet, avec ses deux structures d'insertion ACI et EI, son « service à la personne », son implantation locale, l'Etat a la certitude que son action bénéficie réellement au public cible de l'IAE qui en a le plus besoin (Demandeurs d'emploi de longue durée, bénéficiaires des minima sociaux, du RSA, des jeunes sans qualification...)

L'intérêt pour l'action de la Régie réside également dans la complémentarité des contributions des différents acteurs qui y participent. C'est une association qui regroupe la commune, les bailleurs sociaux, les représentants des habitants… Elle réalise l'insertion professionnelle à travers la gestion urbaine. Pour mieux définir ce partenariat, je dirai que la Régie constitue réellement une action collective, c'est-à-dire une activité de groupe d'individus tournés en apparence vers des objectifs communs, mais le plus souvent inspirés par des logiques diversifiées auxquelles un mécanisme intégrateur donne une efficacité globale.

La structure est installée aux tilleuls, quartier politique de la ville en rénovation urbaine. A ce titre, elle est un outil efficace pour la mise en œuvre de cette politique publique avec la réalisation des clauses sociales dans le cadre du Programme de Rénovation Urbaine (PRU), mais également aux moyens des actions de médiation sociale réalisées. Dans le cadre de la réalisation des travaux du PRU, l'Agence Nationale de Rénovation Urbaine (ANRU) exige des entreprises attributaires des marchés, l'accès à l'emploi des habitants des quartiers ciblés par l'embauche directe ou en réservant des lots aux structures d'insertion. La Régie a été opératrice dans ce cadre.

Elle a aussi déployé plusieurs équipes de « correspondants de nuit » pour le compte des bailleurs des quartiers nord. Les premières embauches ont été faites avec le dispositif « Emploi-Jeunes » financées à quatre-vingts pour cent par l'Etat et par la suite par le dispositif « Adulte-Relais ».

L'action de ces médiateurs surnommés « anges gardiens de la cité des tilleuls » s'est avérée très efficace lors des violences urbaines de 2015 qui ont suivi la mort de Zyed et Bouna, à Clichy-sous-Bois. Les immeubles qui étaient encore surveillés par ces médiateurs avaient été épargnés des incendies constatés à plusieurs endroits aux tilleuls.

Je me souviens que le directeur de la Régie de l'époque, au moment de la fin des aides de l'Etat, avait utilisé cet argument pour négocier une prise en charge des salaires des médiateurs par le bailleur Vilogia.

Dans ces territoires où l'activité reste une denrée rare, l'action d'insertion professionnelle de la Régie constitue une main tendue, une bouée de sauvetage, le début d'un « parcours vers l'emploi » réussi et à ce titre, la Régie du Blanc Mesnil assure la fonction d'employeur que beaucoup d'habitants de ces quartiers lui reconnaissent. Plusieurs centaines de personnes ont bénéficié d'un parcours d'insertion vers emploi plus ou moins court grâce à cette structure depuis sa création. »

Joseph est passionné et ses souvenirs se bousculent…

« Un mot encore, car je ne peux clore cet entretien sans évoquer l'action du PLIE de Blanc Mesnil qui structure l'offre d'insertion par l'activité économique sur le territoire grâce aux actions spécifiques et à l'ingénierie de formation qu'il développe au profit des bénéficiaires dont beaucoup sont des salariés de la Régie.

Certaines missions relatives à l'accompagnement des salariés sont en effet prises en charge par le PLIE :

- Construction des parcours individualisés d'insertion professionnelle vers l'emploi avec un accompagnement très renforcé,
- Mise en place de formations linguistiques et/ou qualifiantes nécessaires à la réalisation des parcours,
- Recherche de financements (FSE, politique de la ville autres subventions),
- Diversification de l'activité de la Régie et recherches de nouveaux marchés pour la Repasserie,
- Réponse aux appels d'offres de marchés liés à la clause sociale.

La Régie de quartier a un rôle d'ensemblier. Elle a permis de couvrir un territoire dans lequel il manquait des structures adaptées à la situation. Elle reste pour moi une étude de cas. Une structure de proximité, un véritable cas d'école. »

La cité des tilleuls s'est invitée au grand débat

Nous étions en pleine crise sociale avec le mouvement des gilets jaunes qui battait son plein. Le président de la République et son gouvernement venaient de proposer à tout le pays, la mise en place d'un Grand débat national, GDN…

Le 2 mars 2019, je publiais un post sur les réseaux sociaux : *Puisqu'on nous donne la parole nous l'avons prise ! Et on peut en être fier. Avec la Régie de quartier du Blanc-Mesnil, association de lutte contre les exclusions, d'économie sociale et solidaire dont je suis le cofondateur et le président, nous avons organisé jeudi soir un débat dans le cadre du GDN. Le café associatif nous a mis ses locaux à disposition. Une trentaine de participants, habitant le grand ensemble des tilleuls, salariés et bénévoles de notre association mais aussi quelques parisiens que j'avais invités à la suite d'un débat que j'avais animé à Paris quelques jours auparavant. Un grand Merci à tous. L'intelligence collective était bien sûr au rendez-vous. En partant de ce qui ne va pas, puis de ce dont on rêve, nous avons formulé de nombreuses propositions sur les thèmes de la démocratie et de la citoyenneté, de la transition écologique et aussi, tout simplement pour vivre mieux ici et maintenant. Nous les avons mises au vote et nous allons les transmettre à présent au gouvernement via le site dédié.*

Une dynamique est enclenchée. Beaucoup de plaisir à faire ensemble et de la bienveillance partagée... Du coup, nous allons poursuivre la réflexion collective notamment sur notre constitution et sa nécessaire remise à plat... A suivre donc !

Je vous livre dans cette partie les propositions des salariés de la Régie et des habitants d'un quartier populaire pour que la ville et la vie soient toujours plus belles.

Ce débat s'est tenu le jeudi 28 février 2019 au cœur de la cité tilleuls dans les locaux du Café associatif « le Tilia ». Ce fut un succès populaire avec la participation de vingt-sept personnes durant plus de deux heures. Pour être le plus efficace possible nous avions décidé avec les membres du bureau de l'association d'organiser la soirée en trois temps. D'abord, une présentation générale de l'association, du contexte et des modalités du débat, puis un temps de travail en trois groupes de discussion avec des thématiques distinctes afin de faire émerger les problèmes et des pistes de solutions. Enfin, un temps de mise en commun des productions des groupes et de votation individuelle sur les propositions formulées. Ce qui explique dans ce qui suit la présence de « smileys » en fin de phrases. Les groupes de discussion retenus étaient les suivants :

- La démocratie et la citoyenneté
- La transition écologique
- Le mieux vivre

De la démocratie et de la citoyenneté

Le diagnostic du groupe de discussion démocratie :

- Pas assez d'aide financière pour les associations.
- Pas assez de soutien matériel et politique pour les associations (prêter une salle pour des réunions, matériel de sonorisation, soutien logistique).

- Manque d'éducation populaire pour comprendre le système politique et institutionnel dans lequel on vit et comprendre comment cela fonctionne.
- La classe politique ne respecte pas le résultat des votes. Le système politique c'est de la « poudre aux yeux » (non- respect des résultats du référendum de 2005 par exemple).
- Critique de la démocratie représentative : on vote pour un programme, mais il n'est pas respecté (pas de vérification, pas assez de contrôle, de compte-rendu).
- Trop de personnalisation de la politique.
- Les élus ne sont pas à l'écoute, une fois élus. On ne les voit qu'au moment des élections ! Ils restent trop dans leurs bureaux, ils ne sont pas assez sur le terrain, dans la réalité.
- Les élus favorisent leur électorat ou certaines populations et non l'ensemble de la population.
- Manque de lieux d'échanges entre élus et citoyens ou entre citoyens.
- Disparition des lieux de sociabilité et de convivialité, les gens sont démobilisés.
- Oubli de la séparation des pouvoirs (exécutif, législatif, judiciaire) par le gouvernement.
- Concentration des pouvoirs dans les mains de l'exécutif.
- Trop de centralisation (à la différence de l'Allemagne).
- Non prise en compte du vote blanc (refaire l'élection au-dessus d'un certain seuil)
- Non prise en compte du niveau d'abstention à une élection (refaire l'élection au-dessus d'un certain seuil)

Les propositions du groupe :

- Investir massivement dans l'instruction civique, partout et à tous les âges (visite des institutions, participation des jeunes, apprentissage de la constitution, formation à la vie démocratique). ☺☺
- Prise en compte des votes nuls, blancs. ☺☺
- Droit de vote pour les étrangers hors EU aux municipales après 5 ans de résidence. ☺☺
- Si plus de 50% d'abstention, l'élection est à refaire. ☺☺
- Possibilité de barrer ou ajouter un nom (panachage des listes) à toutes les élections. ☺
- Appliquer vraiment les grands principes et valeurs de notre constitution (déclaration des droits de l'homme, préambule de la constitution de 1946, charte de l'environnement…) ☺
- Recréer des lieux d'échange et d'écoute réguliers entre les élections (élus/citoyens). ☺
- Préparer et débattre bien en amont des référendums (notamment les Référendums d'Initiative Populaire). ☺
- Réduire la durée des mandats de maire au sein des conseils municipaux. Faire tourner cette responsabilité parmi les élus de la majorité durant le mandat. (Avis partagé)
- Instaurer le vote obligatoire. (Avis très partagé)

De la transition écologique, sauver la planète !

Le débat a principalement tourné sur la question de la pollution de l'air, des déchets et de l'alimentation.

Le terme de « transition écologique », assez technique n'étant pas compris par tous les participants nous avons choisi d'intituler le groupe : **sauver la planète !**

Etats des lieux, qu'est ce qui ne va pas ?

- La pollution de l'air provoque des maladies chez les enfants, des allergies et de l'asthme. La pollution de l'air impacte de plus en plus notre santé.
- La maltraitance animale : animaux abandonnés dans le quartier, maltraitance des animaux d'élevage, sur-pèche.
- De plus en plus de produits chimiques sont présents dans l'alimentation.
- On ne sait pas ce qu'on mange, on a perdu le lien avec les agriculteurs, avec les saisons.
- De moins en moins d'espaces verts (explosion des constructions dans notre ville). Pas assez d'espaces verts.
- C'est également la destruction des lieux de vie des animaux.
- Trop de poubelles, on produit trop de déchets. Les nombreux emballages sont un vrai problème (très visible dans le quartier).
- Encore trop de sacs en plastique, quelle application de la récente loi ?
- Proliférations des rats et des pigeons.
- Trop de voitures, pas assez de pistes cyclables pour les vélos.
- On consomme les ressources comme si elles étaient infinies.
- L'idée reçue est que l'écologie coûterait plus cher.

Les propositions du groupe de discussion « sauver la planète » :

- Ne plus du tout utiliser de produits chimiques nocifs (faire ses propres produits de nettoyage).
- Produire le plus localement possible sans produits chimiques.

- Manger équilibré et moins de viande.
- Donner plus de place à ceux qui polluent moins (transports…).
- Limiter les déchets = zéro déchet. Moins d'emballage, si plus d'emballage du tout on a plus besoin de descendre ses poubelles !
- Développer le tri à la source (comme à la régie de quartier) partout !
- Responsabiliser les entreprises sur les déchets.
- Pollution de l'air et chimique : Tous les produits chimiques toxiques sont supprimés que ce soient les produits d'alimentation, de ménage, peintures…
- Réduire les vieilles voitures et les voitures en général.
- Donner plus de place à ceux qui polluent moins : Développer les pistes cyclables pour tous les véhicules qui ne polluent pas (vélos, trottinettes, etc.)
- Développer les transports en commun attractifs et adaptés aux déplacements.
- Améliorer l'accessibilité et les trottoirs pour les personnes handicapées.
- Diminuer la pollution des usines.
- Renforcer le contrôle en matière environnementale.
- Développer l'agriculture locale et urbaine.
- Plus d'encadrement du gaspillage dans les restaurants.
- Renforcer les contrôles environnementaux (entreprises, citoyens…).

Actions locales/individuelles

Pollutions chimiques : faire ses propres produits d'entretien.

Alimentation, manger équilibré, cuisiner soi-même : cela crée moins de déchets et moins de problèmes de santé, manger moins de viande (une à deux fois par semaine), acheter les fruits et légumes au marché.

Déchets, respect du tri des déchets par tout le monde : mettre en place le zéro déchet dans les entreprises, acheter thé et café en vrac dans une entreprise, développer largement le vrac, développer les composts pour les déchets organiques, acheter des vêtements d'occasion notamment à la ressourcerie, faire ses vêtements soi-même.

« Le mieux vivre »

Etats des lieux, qu'est ce qui ne va pas ?

- Il faut avoir des moyens pour vivre, donc avoir du travail mais souvent il ne reste pas grand-chose après le loyer, l'assurance, la mutuelle…
- Les loyers prennent une trop grosse part des salaires.
- Qu'est-ce que mieux vivre ? Est-ce avoir le strict nécessaire ? Que reste-t-il pour bien vivre, pour sortir, se faire plaisir ?
- Il n'y a plus de services de proximité même les sans-papiers doivent passer par internet pour une demande à la Préfecture. Les gens ne connaissent pas leurs droits.
- L'entraide existe dans le quartier, mais les associations manquent de moyens.
- Quand les gens vont mal, ils se cachent et nous avons peu d'échanges. Mais en fait, quand ils en ont l'occasion, ils ont envie de partager, d'échanger. Il y a un désir d'entraide. Les gens se sentent mieux quand ils sont dans l'aide.
- Le plan Borloo sur la politique de la ville et la rénovation urbaine de 2018 a été enterré alors qu'il y avait eu de vraies rencontres avec les habitants, les associations, les élus pour l'élaborer…

- Il y a un appauvrissement du quartier, concentration de personnes en difficultés

Les propositions du groupe de discussion « mieux vivre » :

- Soutenir davantage les associations, plus d'aides aux associations.
- Des services publics pour mieux vivre (CAF, sécurité sociale, impôts, pôle emploi…). Trop de départ du territoire ces dernières années.
- Présence d'une police de proximité.
- Se sentir utile, avoir plus d'espaces d'échanges.
- Un salaire ou une pension qui permettent de vivre dignement.
- Un loyer plus abordable.
- Reprendre le plan Borloo co-élaboré avec les associations et les élus locaux.
- Revoir la TVA qui est injuste comme toutes les taxes.
- Ne pas laisser l'argent partir à l'étranger (lutter contre l'évasion fiscale).

Voilà le fruit d'une soirée d'échange, de discussion et de réflexion collaborative qui montre combien l'intelligence collective peut être à l'œuvre lorsqu'on en a la volonté et qu'on s'en donne les moyens.

Chacun pourra juger de la pertinence de ces réflexions et de ces propositions. On peut ne pas les partager, c'est le débat. Mais une chose est sure, rien ne peut se faire sans les personnes concernées. L'histoire est pleine d'exemples en ce sens. On ne peut pas faire le bonheur à la place des gens.

Par ailleurs, durant ce mois de février 2019, nous avions aussi mis à disposition des salariés de la Régie et des habitants du quartier un cahier doléances comme les dispositions du Grand débat national nous y invitaient.

Le cahier de doléances :

- Manque de médecins et de personnel médical.
- Pas assez de services publics !!
- Arrêtez de toucher à nos retraites.
- Réaliser plus de logements sociaux au Blanc-Mesnil et les infrastructures qui vont avec.
- Retirer toutes les taxes qui ont été imposées aux retraités.
- Soutenez les petits commerces en centre-ville.
- Au Blanc-Mesnil, les immeubles sortent de terre comme des champignons. Il y a surtout des appartements à vendre. Les locations seront chères. Cela sent la gentrification.
- Les habitants du Blanc-Mesnil ne sont pas consultés.
- Réinventons la « Démocratie » et obligeons ceux qui sont au pouvoir à tenir compte de nos revendications.
- Je souhaite que l'on aide la Régie de quartier, ce n'est pas facile pour eux.
- On ne cesse d'éloigner les habitants des administrations auxquelles ils doivent avoir recours pour résoudre leurs problèmes : sécurité sociale, centre des impôts…
- Même problème pour les zones rurales : maternités, corps médical et hôpitaux etc.

Je garderai de ce moment un souvenir ému, chaleureux et digne. Un moment fort dans la vie de notre association, une manière concrète d'illustrer nos valeurs et nos ambitions. Ces paroles sont d'une justesse éclatante et elles nous donnent envie de dire haut et fort aux dirigeants et gouvernants de ce pays : « Sortez de vos bureaux, venez sur le terrain écouter ce que les gens simples ont à dire ! » C'est la seule garantie de la pertinence de nos politiques publiques.

Une chose importante encore. Lorsque j'ai fait cette proposition de débat dans le quartier de tilleuls en réunion du bureau de l'association, j'avais à cœur deux objectifs. Je ne voulais pas que l'initiative gouvernementale du GDN soit réservée uniquement à ceux qui ont la parole facile, ceux que l'on entend et voit toujours, bref aux habitués de la participation. Je voulais au contraire que les habitants des quartiers populaires aient l'occasion de dire ce qu'ils ressentaient et pensaient. Quelques semaines auparavant, j'avais été contacté par les organisateurs d'un débat dans ce cadre pour animer une soirée qui se déroulait dans le 5e arrondissement parisien.

Ce fut une belle soirée de débats également, du monde, environ soixante personnes, et des propositions foisonnantes. Lorsque j'ai conclu cette rencontre, j'ai indiqué aux organisateurs, militants politiques par ailleurs, que j'organisais également avec mon association un débat au cœur d'un quartier populaire au Blanc-Mesnil. « Bien sûr tous ici vous y êtes aussi invité et nous vous y accueillerons avec grand plaisir ! »

Je dois dire ma surprise, d'avoir vu alors, plusieurs mains se lever pour confirmer l'intérêt pour cette nouvelle initiative en banlieue. Quelques jours plus tard, cinq des organisateurs de ce débat parisien étaient parmi nous aux tilleuls. Je les en remercie encore. Cette rencontre improbable entre ces parisiens un peu « bobo », nos salariés et des habitants du quartier venus ce soir-là était un moment fort et surtout qui avait du sens.

Voilà de belles paroles et propositions vous ne croyez pas ?

A présent, vous devez avoir envie de créer une structure comme la nôtre, je me trompe ? Si c'est le cas, la partie qui suit va grandement vous aider. Après les grandes idées, les concepts, les témoignages, voici des éléments de méthode et des outils pour reconstruire une économie sociale, solidaire et d'inclusion, des solutions écologiques, un avenir commun meilleur.

Troisieme partie

« *La maladie la plus constante et la plus mortelle mais aussi la plus méconnue de toute société, est l'indifférence.* »
L'Abbé Pierre

Dans cette dernière partie, j'ai choisi de vous proposer un peu de méthode avec ce que j'appelle un « kit de création » d'une Régie de quartier. J'ai l'habitude de dire que je n'aime pas les outils. Je fais de l'enseignement et de la formation, et très souvent les apprenants sont en demande d'outils. Ils pensent qu'ils vont leur permettre de solutionner les problématiques auxquelles ils sont confrontés. J'explique alors : Si je possède un marteau mais que je ne sais pas, ni quand et comment je peux m'en servir, celui-ci ne me sert à rien.

Dès lors, et seulement après avoir explicité les tenants et les aboutissants, le sens et les valeurs du projet d'une telle structure, l'idée est de donner ici quelques repères et références. Autant de leviers sur lesquels les bonnes volontés pourront s'appuyer pour coconstruire leur projet singulier et spécifique.

Un peu de méthode, « Kit de création d'une Régie de quartier »

Penser la création d'une nouvelle structure signifie penser sur la durée et s'engager dans un processus. Celui-ci pourra s'articler en quatre grandes phases :

- L'état des lieux, diagnostic participatif,
- L'élaboration du projet associatif, la définition d'une stratégie, le repérage des acteurs,
- Le démarrage de l'activité et l'organisation technique et administrative,
- La consolidation du projet associatif, son déploiement et son rayonnement.

Dans ce cheminement, une attention particulière sur les points suivants sera nécessaire : Définition de l'approche sociale de la Régie dans le contexte local et national spécifique, les moyens d'interventions économiques concrets, le sens de l'ancrage local et du développement endogène. D'autres points d'attention sont importants : la démarche d'insertion par l'économique, l'enjeu de la citoyenneté et de la proximité, et enfin la structure comme lieu de vie animé par les habitants.

Allons voir de plus près ce que cela veut dire…

Le diagnostic partagé et participatif

C'est la première phase. Elle est fondamentale et doit se conduire dans le temps. A l'expérience, il faut compter 9 à 12 mois…

Les objectifs de cette phase sont nombreux :

- Comprendre le terrain, ses enjeux (atouts, faiblesses, opportunités, menaces),
- Repérer et rencontrer les acteurs de la ville, les bailleurs sociaux, les acteurs du réseau local emploi-

formation, du développement économique, du développement local, les entreprises…

- Etablir un diagnostic participatif partagé et déterminer des objectifs en termes de viabilité sociale et économique,
- Sensibiliser aux valeurs portées par les Régies de quartier (charte et manifeste),
- Ecrire le projet associatif et les statuts de l'association porteuse,
- Organiser l'assemblée générale constitutive.

A cette étape, c'est le terrain et les rencontres qui vont nous aider. Il s'agit de faire un premier état des forces en présence sur le territoire, tout en repérant les acteurs locaux. Ceux-ci, vont nous permettre ce regard croisé dont nous avons besoin pour établir le diagnostic le plus proche de la réalité vécue par les habitants.

Qui sont ces acteurs locaux, de qui s'agit-il la plupart du temps ?

Les élus municipaux d'abord, ils portent une ambition pour ce territoire. Les services municipaux et intercommunaux comme ceux qui ont en charge la cohésion et l'action sociale, l'emploi, la formation, le développement économique par exemple. Mais également, les services de l'Etat, au travers des délégués du préfet notamment dans les quartiers en politique de la ville, dénommés les QPV. Les responsables d'équipements sociaux, centre social, maison de quartier, maison pour tous ont aussi une très bonne connaissance des enjeux et de la réalité locale. Sans oublier les habitants, bien sûr, au travers de leurs associations, amicales de locataires, je dis souvent qu'ils ont cette expertise citoyenne et d'usage du territoire vécue au quotidien. Ils doivent avoir une place centrale dès le commencement du processus de création. Les bailleurs sociaux sont aussi incontournables car ils gèrent les logements mais aussi les parties communes des immeubles, les espaces extérieurs des quartiers concernés… Cette liste n'est évidemment pas exhaustive, mais elle permet de mesurer la diversité et la multiplicité des acteurs qu'il s'agit de sensibiliser et de mobiliser dès le départ.

Créer les conditions d'un travail en commun sur ce même objet, tous ensemble, est déjà tout à fait intéressant ! Si on y parvient, la partie est presque gagnée.

Deux dispositifs d'Etat peuvent nous aider dans cette dynamique si le quartier est en QPV. Il s'agit des conventions de gestion urbaine et sociale de proximité et des dispositions concernant l'abattement de 30% de la TFPB[18] pour les bailleurs.

« La gestion urbaine de proximité est un dispositif coordonnant différentes actions ayant pour objectif d'améliorer l'entretien d'un quartier et son cadre de vie, de réduire la délinquance, d'accompagner les projets d'urbanisme ». Le Dicopart[19] précise encore :

« Sens 1 : Dispositif administratif et technique visant à améliorer le cadre de vie d'un quartier. Abréviation fréquemment employée : GUP ou GSUP (gestion sociale et urbaine de proximité).

Sens 2 : Approche politique visant à réguler les dysfonctionnements dans les quartiers populaires. »

Dans ce cadre, les différents acteurs qui nous intéressent se réunissent régulièrement en comité de pilotage et comité technique pour faire un état des lieux et prendre des mesures pour agir sur les dysfonctionnements constatés. Quelques exemples : saleté des espaces et des abords des bâtiments d'habitation, mauvais éclairage, mauvaise signalétique des bâtiments, des rues, épaves et voitures ventouses, difficultés avec le traitement des ordures ménagères, gestion des encombrants, espaces verts négligés…

[18] Taxe foncière sur le patrimoine bâtis

[19] https://www.dicopart.fr/fr/dico/gestion-urbaine-de-proximite

Ces dysfonctionnements font souvent suite à des « balades urbaines » ou « diagnostics en marchant » conduites avec les acteurs concernés. Ils permettent de noter conjointement ce qui va et surtout ce qui ne va pas dans le quartier. L'idée est évidemment qu'au fils du temps, mieux encore, entre deux visites de terrain, les problèmes soulevés trouvent des réponses et soient solutionnés. Ainsi, ce regard croisé auquel nous tenons tant, va se construire plus facilement.

Si ce dispositif existe, vous comprenez combien il va compter et nous aider pour la conduite de la phase diagnostic, puis pour celles qui suivront. Nous allons pouvoir rencontrer la plupart des acteurs incontournables qui pourront devenir nos futurs clients partenaires. Ce contexte est aussi une excellente tribune pour sensibiliser aux valeurs portées par les Régies de quartier (en référence à la charte et au manifeste notamment) et faire connaitre notre projet associatif.

Et si ce dispositif n'existe pas, c'est cette même dynamique qu'il s'agit de créer à l'occasion de notre première phase de diagnostic partagé et participatif !

Un mot encore sur la TFPB. Cette taxe foncière sur le patrimoine bâtit est payée par les propriétaires comme les bailleurs publics sociaux. Un abattement de 30% est accordé par l'Etat si le bailleur s'engage à mettre en place et conduire au sein de son patrimoine des actions spécifiques. Il doit s'agir de nouvelles actions de proximité pour le traitement des dysfonctionnements et la qualité de service aux habitants locataires. La Régie de quartier peut alors constituer un bon outil local pour accompagner le bailleur dans sa volonté d'agir concrètement pour améliorer la vie quotidienne des habitants.

A ce stade, la réflexion sur le projet associatif est déjà engagée. Nous allons pouvoir commencer à « le mettre sur papier... »

Le projet de l'association c'est sa boussole

Ecrire le projet associatif et les statuts de l'association porteuse, puis organiser l'assemblée générale constitutive, sont de actes et des moments cruciaux pour la vie démocratique d'une association. Le projet de l'association c'est sa boussole. C'est le projet qui fera référence sur le long terme. En effet, régulièrement les membres de l'association devront s'y référer mais il est possible est nécessaire de réinterroger ces grands principes au fil du temps.

Le projet associatif c'est une notion essentielle pour penser la gouvernance. « *La gouvernance s'articule à un projet, qui doit évoluer pour tenir compte des mutations de l'environnement de l'action. La gestion de la structure doit être en adéquation avec les valeurs et le projet associatif. Se questionner sur la gouvernance, c'est se poser la question du pourquoi et travailler sur le sens du projet collectif, ses valeurs (pourquoi on fait telle action) : la réflexion ne doit pas seulement être orientée sur le comment, sur les modalités. Elle doit être dialectique entre la question du sens et celle de l'action, entre le projet et la stratégie, entre les objectifs et l'allocation des différentes ressources, en particulier des ressources humaines.*[20] »

Le projet de la Régie de quartier, nous l'avons vu en première partie du livre, c'est un projet multidimensionnel.

Un projet économique inscrit dans le marché. Il va donc falloir proposer au vu du diagnostic partagé, des manquements et des dysfonctionnements constatés, des services capables de création de richesses et d'emplois. Au moment de la création de notre structure en 1999, et dans la phase diagnostic, trois bailleurs (Efidis devenu CDC

[20] « Gouvernance et engagements associatifs : enjeux et leviers pour agir ». Documentation conjointe du Mouvement associatif, la Fonda et la Région Rhône-Alpes, Septembre 2015.

habitat, France habitation qui a rejoint le groupe Seqens, et Immobilière 3F) se sont engagés à nous confier des prestations. Il s'agissait de l'entretien d'espaces extérieurs et de quelques salles associatives situées en pied d'immeubles, dont ils avaient la gestion. La ville du Blanc-Mesnil nous a également proposé des prestations de nettoyage urbain et de locaux municipaux. Ajoutés à des subventions d'aide au démarrage, obtenues dans le cadre des crédits politique de la ville de l'Etat et de la commune, ces financements nous ont permis « d'amorcer la pompe » comme on dit. Les premiers recrutements, direction de la structure, opérateur de quartier et accueil secrétariat ont alors été réalisés. Petit à petit, d'autres bailleurs du territoire nous ont confié de nouvelles missions, la ville également. Petit à petit, notre trésorerie a permis le déploiement de nos activités et le développement de meilleures réponses aux besoins des habitants.

Je voudrais m'arrêter quelques instants sur le partenariat avec la ville. A l'époque, si le principe de création était soutenu par le maire, ce projet ne faisait pas l'unanimité y compris dans sa propre majorité et encore moins parmi des cadres techniques ou administratifs. Les résistances étaient grandes chez les responsables des services techniques. J'ai mis beaucoup d'énergie pour rencontrer les élus et mes collègues pour expliquer le projet, ses enjeux et ses finalités. Beaucoup, pensaient que la Régie viendrait casser le service public auquel ils étaient attachés autant que moi d'ailleurs. Je me souviens des échanges avec le directeur du centre technique municipal. Au cours de nos entretiens j'avais insisté sur deux points. Avec ce projet, il ne s'agissait aucunement de faire moins de service public dans le quartier des tilleuls notamment. Mais, au contraire, de poursuivre les actions de nettoiement et d'entretien réalisées par les agents publics. Les interventions de la Régie devaient être considérées comme un plus pour le quartier. Ici, c'était plus difficile qu'ailleurs, donc nous avions besoin de plus d'interventions, de sur-entretien en quelque sorte. La Régie c'est alors la cerise sur le gâteau ! Mais pour cela, il faut une bonne part de ce gâteau pour ce quartier afin d'aider les gens à y vivre mieux... Le service public a donc toute sa place à côté de la Régie.

Les arguments ont convaincu et le centre technique municipal a joué le jeu. Par la suite et lorsque la ville nous a confié des missions, les agents communaux coordonnaient sur le terrain leurs interventions avec nos propres agents. Avec la direction des ressources humaines, nous avons aussi réalisé de belles choses. Des agents d'entretien en fin de contrat à la Régie, qui intervenaient pour le nettoyage de locaux municipaux, ont été recrutés par la commune.

Bref, patiemment, à force de conviction, d'expérience et de preuves par l'exemple, nous avons convaincu nos partenaires. Et ceci nous amène à la seconde dimension du projet associatif.

Une finalité sociale. Ces prestations indispensables pour la propreté du quartier ont aussi une finalité sociale très forte. Les personnes recrutées par la Régie sont d'abord et avant tout, des personnes éloignées, voire très éloignées de l'emploi. Les témoignages des salariés en insertion dans la deuxième partie de ce livre nous le montrent bien. La Régie est donc aussi cet outil de lutte contre les exclusions et donc d'inclusion. Celui-ci doit permettre, in fine pour les personnes, de déboucher sur un emploi pérenne. Finalement, non seulement les salariés qui retrouvent le chemin de l'emploi sont valorisés pour ce qu'ils sont et ce qu'ils font, mais plus globalement, c'est le territoire qui sort valorisé par leurs interventions. Certains propos de nos clients partenaires plus haut, en font une belle démonstration. Le développement du lien social, des liens sociaux est alors à l'œuvre, et c'est aussi cela la plus-value d'une structure comme la nôtre.

Une gouvernance participative. La régie, vous vous en doutez, n'a pas d'actions en bourse et ne distribue pas non plus de dividendes ni même de cachets aux administrateurs ! Les rémunérations des salariés permanents, encadrants, ou en insertion sont établies sur la base d'une grille de rémunération dans le cadre d'une Convention collective nationale des Régies de quartier.[21] Tous nos excédents de bilans annuels sont investis dans le projet de l'association. Ce qui permet quelquefois d'acheter du matériel supplémentaire, mais aussi de réduire nos déficits sur certains bilans d'exercices précédents.

Enfin, le principe de participation des parties prenantes est constitutif du projet associatif et de nos statuts. C'est ce que nous verrons en détail dans la partie qui suit sur la gouvernance, les statuts et l'organisation.

Mais avant d'y venir, je voudrais encore ajouter un point crucial. Lorsque le diagnostic et le projet commencent à prendre forme, c'est aussi le moment de déclencher le partenariat avec le CNLRQ[22]. Celui-ci va nous permettre de vérifier l'assise et la viabilité de notre projet. Si celle-ci est confirmée, elle enclenchera le bénéfice de l'obtention du label Régie de Quartier. Je me souviens avoir sollicité le CNLRQ. A son tour, il a missionné une personne trois journées durant, pour nous accompagner dans la finalisation du diagnostic, du projet économique et social et des modalités de gouvernance. L'essentiel a été de confirmer la viabilité économique de notre projet, et sa dimension sociale, les liens avec les partenaires locaux et

---

[21] Convention collective nationale des régies de quartier du 2 avril 2012 https://www.legifrance.gouv.fr/affichIDCC.do?idConvention=KALICONT000027199162

[22] Comité national de liaison des Régies de quartiers

surtout le degré d'engagement de chacun des bénévoles impliqués pour mettre en œuvre ce projet ambitieux.

A ce moment, je ne résiste pas à vous livrer quelques lignes sur la visite de la Régie de Clichy-Montfermeil. En effet, le CNLRQ nous avait également désigné une Régie de quartier marraine pour poursuivre l'accompagnement à la création. C'est un élément déterminant de cet accompagnement. C'est donc celle de Clichy-sous-Bois/Montfermeil qui a été choisie. J'avais demandé à la municipalité de nous mettre à disposition un car pour nous rendre collectivement sur place. Ce jour-là, le car était plein. De nombreux habitants mobilisés sur ce projet avaient décidé d'être présents. Ce moment restera un moment fort dans l'aventure créatrice de notre structure. Nous arrivions petit à petit à notre destination. A l'approche du local de la Régie de Clichy et à la descente du car, nous sommes tombés nez à nez avec des jeunes qui voulaient en découdre et se sont battus sous nos yeux quelques instants, sans que l'on puisse intervenir. Puis, voyant le nombre que nous étions, ils ont cessé et sont repartis. Quel accueil ! Dans les locaux de la Régie, il en était tout autre. Café, petits gâteaux et autour d'une grande table, le directeur était entouré d'une bonne partie de son équipe. Petit à petit, chacun a pris la parole pour se présenter et préciser sa mission, son rôle au sein de la structure. Nous avons aussi fait un tour du quartier. Des salariés de la Régie nettoyaient les rues, trottoirs et places qui avaient accueilli ce matin-là le marché hebdomadaire.

Je me souviens aussi de ce jeune salarié « correspondant de nuit » qui intervenait comme médiateur urbain en fin de journée et une partie de la nuit. Le moment était riche et intéressant. La ville du Blanc-Mesnil avait aussi ce type de projet en tête à la suite des difficultés que vivait notre propre quartier en matière de sécurité. Elle imaginait pouvoir nous confier cette mission, et ce sera le cas ensuite durant près de dix ans.

De retour dans le car, les habitants nous disaient bien mieux comprendre ce que notre projet pouvait apporter pour le mieux vivre dans le quartier. Mais, une chose avait aussi marqué tout le monde c'était un sentiment de malaise, voire de peur ressentie dans le quartier visité. Des habitants disaient que finalement, ici aux tilleuls, on n'était pas si mal ! C'était à la fois vrai et faux. Ce sentiment d'insécurité ressenti était aussi lié à cette bagarre à laquelle nous avions assisté dès notre arrivée sur place. Le quartier était aussi très sale et les bâtiments en piteux état, bien plus dégradés que ceux où vivaient la plupart des habitants du grand ensemble des tilleuls. Heureusement, Nous n'étions pas encore dans cette situation de tension aux tilleuls bien que la mort d'un jeune après des coups de feu avait eu lieu à cette période. Pour finir, cette visite nous a confortés dans notre ambition de tout faire pour que le quartier ne se dégrade pas plus, s'en sorte par le haut et surtout que les habitants y retrouvent toute leur dignité…

C'est à l'issue de ce travail et cette visite que nous avons organisé notre assemblée générale constitutive.

Travailler sur son projet associatif c'est aussi préparer le démarrage de l'activité et commencer à penser au déploiement de celle-ci.

Le démarrage de l'activité

A ce stade, c'est aussi le moment de :

- Réfléchir aux profils de postes pour les premiers recrutements,
- Organiser la recherche et le recrutement de la direction et des premiers collaborateurs,

- Porter le projet et ses ambitions auprès des partenaires,
- Engager la recherche de financements et subventions,
- Puis, contribuer avec la direction à créer une équipe, la consolider et coconstruire des modalités de travail collaboratif,
- Proposer des modalités de gouvernance coopérative (équipe, professionnels, bénévoles, administrateurs),
- Etablir un plan de communication pour faire connaitre la structure, ses valeurs, son fonctionnement et ses services.

Cette liste n'est pas exhaustive mais elle constitue à l'expérience, les points principaux de réflexion et de vigilance nécessaires. Il est nécessaire de travailler de la manière la plus collaborative sur ces différentes étapes. On aura parfois le sentiment de perdre du temps, mais cette posture est un gage de réussite pour l'avenir de la structure. C'est vrai, du point de vue de son déploiement comme de la dynamique participative authentique interne, essentielle et intrinsèque aux valeurs que nous portons. Et puis, je crois bien l'avoir déjà dit : seul on va vite, mais collectivement on va plus loin… Nous l'avons vraiment expérimenté ce vieil adage !

La consolidation du projet associatif et le déploiement de l'activité

A présent, et après les premiers mois d'activité, il va falloir tirer les premiers enseignements et ainsi :

- Evaluer les premiers mois d'activité (insertion, emploi, lien social…),

- Mesurer les impacts et les effets dans les quartiers concernés, pour les habitants, les bailleurs, la ville…
- Réguler l'équipe (groupe d'échange de pratiques),

Mais également de :
- Rechercher de nouveaux partenariats et clients,
- Inscrire la Régie dans le réseau national,
- Assurer sa représentativité à l'assemblée générale annuelle du CNLRQ,
- Promouvoir la Régie et ses actions dans le territoire.

L'ensemble des acteurs du processus de création doivent être sollicités pour cela. Le principe est de conduire une évaluation au fil de l'eau, suffisamment en prise directe avec la réalité pour permettre des ajustements. De sorte que le projet associatif soit toujours vivant et qu'il puisse être interrogé régulièrement.

Du projet associatif à la gouvernance il n'y a qu'un pas…

Gouvernance, fonctionnement, statuts

La définition du mot « gouvernance » que nous donne le Larousse est : « manière de gérer, d'administrer. »

La définition de J.P Worms, ancien président de la Fonda : « *Le concept de gouvernance renvoie à la capacité de faire converger la diversité d'acteurs et de rationalités.* »

Mode de pilotage et de régulation, la gouvernance désigne les règles et les processus qui définissent de quelle manière les acteurs concernés participent à la concertation, la délibération et la prise de décision qui orientent les actions d'une structure.

Fruit d'une négociation entre les parties prenantes, la gouvernance traite de la question de l'exercice et du partage du pouvoir comme du partage des responsabilités. S'interroger sur la gouvernance revient à se questionner sur la démocratie interne de sa structure et sur les bonnes manières de s'organiser pour faire vivre son projet collectif, en associant toutes les parties prenantes dans la prise de décision.

Les statuts de notre Régie ont fait l'objet d'un travail d'écriture collective précis et rigoureux. C'est le moment de se dire comment l'on va fonctionner ensemble, collaborer tout en préservant le rôle de chacun et de chacune des instances de pilotage, l'assemblée générale, le conseil d'administration, le bureau, la direction. Une fois écrits, les statuts nous donnent le chemin à suivre. Mais, ce qui est tout aussi important et passionnant à vivre, c'est le cheminement collectif et individuel accompli au cours du processus de co-écriture des statuts…

Je voudrais avant de les présenter, pointer quelques aspects qui me semblent fondamentaux.

Les habitants sont majoritaires au Conseil d'Administration. C'est un point essentiel en termes de gouvernance collaborative et démocratique. Les habitants du territoire concerné par les activités de la structure sont les meilleurs experts de ce territoire. Ils ont une expertise d'usage et citoyenne. Ainsi, toutes nos décisions stratégiques sont mises en débat au conseil d'administration et à chaque fois, je suis frappé par la pertinence des approches et des réflexions de chacun. Ces délibérations nous permettent de faire les meilleurs choix qui s'imposent à nous au fils du temps. Mais aussi de gérer et d'anticiper nos critères de gestion et nos futures décisions. J'insiste sur ce point.

La présence de forces vives dans le collège « partenaires membres associés » apporte aussi un éclairage complémentaire. Cette expertise technique et professionnelle permet de prendre également le recul nécessaire dans nos échanges. L'environnement professionnel dans lequel évoluent les membres de ce collège (prévention spécialisée, action sociale et éducative, développement local, développement durable et transition écologique) nous aident à contextualiser nos discussions et le moment venu, à prendre les décisions nécessaires à la vie de l'association.

Lorsque les élus locaux s'impliquent pleinement, cela a été le cas de notre création jusqu'en 2015, ils apportent une expertise du contexte local et politique dont nous avons aussi besoin. Du fait de leurs missions et leurs responsabilités, ils peuvent relayer et mieux faire connaitre la structure auprès de multiples institutions, entreprises et autres collectivités. Ils aident ainsi la Régie à rayonner et à développer ses partenariats. Je regrette tellement le peu de soutien de la municipalité actuelle dans notre ville. Nous sommes toujours disponibles de notre côté, car notre seule motivation c'est le bien-être des habitants du territoire. Les choses évolueront peut-être avec ce mandat municipal qui commence, je le souhaite de toutes mes forces.

Enfin, les bailleurs sociaux ont aussi une bonne connaissance du territoire et des habitants. Leur expertise territoriale est d'une grande utilité. Les témoignages de quelques acteurs représentants des bailleurs dans la partie qui précède, nous éclairent. Sur ce point, il faut ajouter que les bailleurs sont assez souvent réticents pour rejoindre le conseil d'administration d'une association comme la nôtre. En effet, ils considèrent à tort, qu'ils ne peuvent pas être à la fois donneurs d'ordres et avoir des responsabilités dans la structure. Il y aurait conflits d'intérêts en quelques sortes. On peut l'entendre mais ce n'est pas tout à fait juste. Le CNLRQ a d'ailleurs travaillé de longue date un argumentaire sur ce point qui aide chacun à mieux se déterminer. En l'occurrence, la règle d'or est que ni les élus locaux, ni les bailleurs - ils sont le plus souvent nos plus importants clients partenaires - ne doivent prendre des responsabilités au sein du bureau de l'association. De plus, dans leurs exécutifs ou conseils d'administration propres, si le sujet est abordé, qu'un dossier concerne la Régie de quartier (demande subvention, attribution d'un marché public), ils ne doivent ni prendre part aux débats, encore moins au vote.

Pour finir sur les membres du conseil d'administration, vous aurez compris dès lors, combien le croisement de ces expertises et de ces regards constitue une plus-value centrale dans les échanges et les décisions qui s'ensuivent.

Encore deux autres points tout aussi importants.

Le Conseil d'administration et le bureau tiennent leurs réunions très régulièrement. Le CA quatre fois par an minimum et autant de fois que cela est nécessaire. Nous avons traversé des périodes difficiles. Le départ de directeurs, des situations financières compliquées, le décès brutal de Mourad, l'affaiblissement de nos ressources du fait du retrait de la municipalité… A chaque fois, notre force et notre énergie nous les avons puisées dans le collectif et nos échanges au sein de ces instances. L'an passé, au cours de l'assemblée générale, notre commissaire au compte a souligné ce point comme un élément essentiel à ses yeux nous permettant de surmonter ces crises. Il précisera également que ces pratiques constituent des aspects très rassurants pour lui-même, nos clients et autres partenaires institutionnels. Oui, la vie d'une association et surtout sa bonne santé, se mesurent aussi avec niveau des pratiques démocratiques et collaboratives en interne.

Dans un mail adressé début 2018 aux membres du conseil d'administration de l'association, j'écrivais : (…) « *Je veux tout d'abord vous remercier tous pour votre investissement au sein du CA pour la plupart d'entre vous, depuis plusieurs années.*

C'est pour cela que nous avons toujours pu surmonter les obstacles qui ont été devant nous. Sans le travail col-

lectif et l'implication de chacun rien n'aurait été possible. Je l'ai dit au dernier CA, les membres du bureau ont joué durant cette dernière période un rôle essentiel pour dépasser nos difficultés et je les remercie à nouveau. Maintenant il nous faut continuer à aller de l'avant ! »

Et de poursuivre : « Vous étiez plus nombreux que d'habitude au dernier CA c'est important et j'y vois un signe de renouveau et de résilience, j'y reviendrais.

Comme je l'ai indiqué au cours de notre dernière réunion, je souhaite que chacun puisse au sein de cette instance de gouvernance de notre association, qu'est le CA, jouer pleinement son rôle dans ce collectif. Le travail ne manque pas vous le savez. Je suis sûr que chacun d'entre vous, à la mesure de ce qu'il souhaite et peut, pourra trouver sa place dans tout ce que nous avons à faire. Votre engagement peut se concrétiser de multiples façons.

Les thèmes et les formes sont diverses. Cela peut toucher à la formation de nos salariés en insertion : informatique, démarches administratives... Bricolage, décoration et petits travaux dans nos locaux. Verdissement et jardinage pour relancer l'activité médiation environnementale de l'association...

Groupes de travail et de réflexion sur le développement, les services aux habitants...

Il a encore certainement d'autres choses à faire et je fais aussi appel à votre imagination...

Je vous invite donc à nous faire savoir ce sur quoi vous avez envie de vous investir par retour de mail ou en remplissant le formulaire ci joint. » (…)

Voilà et depuis des bénévoles du Conseil d'administration s'impliquent auprès de notre directeur dans des missions aussi différentes que le recrutement, la réponse aux appels d'offres espaces verts et réflexions sur l'organisation de ce secteur, les modalités de sécurité au travail des salariés avec la réalisation du Duerp[23], la communication, la préparation de nos initiatives pour les vingt ans...C'est un plaisir de voir combien chacun prend ces missions avec enthousiasme et passion.

Avec les membres du bureau et le directeur nous nous réunissons, quoi qu'il arrive, tous les quinze jours ! Pour les uns comme pour les autres, nous en avons besoin. La réalité est complexe. La gestion d'une entreprise - bien qu'associative - de quarante et un salariés demande de l'analyse, du recul. En cette période de crise sanitaire sans précédents et de confinement, nous maintenons une activité réduite avec un peu moins d'une dizaine de salariés et nous nous réunissons en visio-conférence autant que nécessaire.

Enfin, autre règle d'or, c'est bien le conseil d'administration qui décide des orientations et des objectifs de l'association et personne d'autre. Le bureau lui, doit veiller à l'exécution de celles-ci, au bon fonctionnement et à la gestion du quotidien. La tentation est facile dans les collectifs associatifs ou d'en d'autres instances, de décider seul ou en petit comité. Le couple directeur/président est essentiel pour la bonne marche de l'entreprise mais il ne doit pas se substituer au collectif. Les réflexions et décisions stratégiques, comme les orientations de l'association se discutent et se décident en conseil d'administration et une fois par an, en assemblée générale. Une précision encore, des salariés peuvent être invités aux réunions du conseil d'administration sans droit de vote.

Et encore une fois ce vieil adage : « Seul on va vite, collectivement on va plus loin. » résume très bien ce que nous avons décidé de faire ensemble.

Et voici donc nos statuts ! Prenez-les comme un exemple parmi d'autres, car ils sont toujours perfectibles et doivent être contextualisés.

---

[23] Document unique d'évaluation des risques professionnels

Article 1 : Dénomination

Il est fondé entre les adhérents aux présents statuts une association régie par la loi du 1er juillet 1901, et le décret du 16 août 1901, ayant pour dénomination, **Régie de quartier du Blanc-Mesnil.**

Article 2 : But

Cette association a pour but :

D'améliorer la vie quotidienne dans les quartiers et notamment :

Entretenir le cadre de vie et prévenir sa dégradation,

Contribuer à retisser les liens sociaux par la participation active des habitants,

Développer les services aux habitants.

De mettre en œuvre un travail de proximité dans le triple souci :

Insertion sociale et professionnelle,

Valorisation des savoir-faire des habitants,

Participation des usagers du quartier.

Article 3 : Siège

Le siège est fixé à l'adresse suivante :

Régie de quartier du Blanc-Mesnil
11/13 Allée Pierre de Montereau
93 150 le Blanc-Mesnil

Article 4 : Moyens d'intervention

La Régie de quartier a une vocation économique et sociale. Dans ce cadre :

- Elle développe des activités économiques et sociales visant à l'amélioration du cadre de vie, à la préservation de l'environnement et au développement des liens sociaux,

- Elle pourra assurer des travaux, des services marchands et se voir déléguer des services non marchands ainsi que la vente de biens dans le cadre de l'économie sociale et solidaire,
- Elle interviendra dans le cadre de son activité économique et sociale sur l'ensemble du territoire communal notamment sur les quartiers relevant de la Politique de la Ville et en géographie prioritaire,
- Les salariés sont en priorité des habitants de la ville,
- Elle travaillera en partenariat avec les organismes institutionnels et associatifs compétents, afin d'assurer l'accompagnement et le suivi pour l'insertion de ses salariés,
- Elle organisera et/ou elle participera à toutes les manifestations susceptibles de renforcer les liens sociaux et économiques.

Article 5 : Ressources de l'association

Elles sont constituées :

- Des cotisations des membres de l'association,
- De toute somme provenant de ses activités et services dans la limite des dispositions légales,
- De subventions attribuées par l'état, les collectivités locales, les établissements publics et toute ressource autorisée par la loi.

Article 6 : Composition de l'association

Les membres de l'association sont répartis en trois collèges, mettant en évidence le caractère partenarial de l'association : **habitants, gestionnaires urbains, acteurs de l'insertion**.

Chaque membre de l'association doit s'acquitter de son adhésion et être en accord avec la Charte Nationale des

Régies de Quartier, ses annexes et le Manifeste des Régies de Quartier.

Le Conseil d'administration garde un caractère discrétionnaire sur la décision d'accepter ou non un candidat à l'adhésion. Il n'a pas à motiver le rejet de cette demande ni à engager sa responsabilité.

Les membres de droit

Ils regroupent des représentants de la municipalité et des bailleurs sociaux de la ville.

Les membres actifs

Il s'agit de personnes, à titre individuel, habitant la ville ou y travaillant.

Les membres associés

Il s'agit de toute personne ne répondant pas aux critères des deux précédents collèges mais dont la compétence est utile à la Régie, notamment les acteurs de l'insertion sociale et professionnelle.

Radiation de l'association

- Les membres qui adressent par lettre recommandée avec accusé de réception leur démission au président,
- Les membres dont le Conseil d'administration a prononcé, aux deux tiers de ses membres, l'exclusion pour une action ou une attitude préjudiciable à l'association après avoir entendu les explications de l'intéressé,
- Par radiation prononcée par le Conseil d'administration pour non-paiement de la cotisation,
- Par décès,

- Tout membre du Conseil d'administration qui n'aura pas assisté à trois conseils consécutifs, sans excuse, sera considéré comme démissionnaire et acté en séance du Conseil d'administration.

Article 7 : Composition du Conseil d'administration

Ses membres sont élus pour une durée de deux ans.

Les membres sortants du Conseil d'administration sont rééligibles à condition qu'ils aient assisté au moins aux deux tiers des réunions du Conseil d'administration pendant la durée de leur mandat, sauf en cas de force majeure et après s'être fait excuser.

En cas de vacance de postes d'administrateurs, l'Assemblée générale annuelle pourra élire un ou des nouveaux administrateurs dans les mêmes conditions d'éligibilité définies aux présents statuts pour la durée restant à couvrir jusqu'à l'AG de renouvellement.

Pour être éligible :

Il faut être adhérent de l'association depuis une année, à jour de ses cotisations et avoir participé activement aux instances et aux actions de l'association.

Faire connaître au siège de la Régie son intention au moins huit jours à l'avance avant l'AG.

Les membres de droit représentants la municipalité ne sont pas soumis à cotisation.

Le vote aura lieu à bulletin secret et les candidats devront avoir la majorité des voix pour être élus. Seront retenus ceux qui auront le plus de suffrages dans la limite des sièges à pourvoir.

L'association est administrée par un Conseil d'administration composé de vingt-trois membres élus parmi les membres de leur collège respectif.

Collège des habitants, membres actifs

Il est constitué de treize membres disposant chacun d'une voix délibérative.

Dans ce collège toute candidature est soumise à l'approbation du Conseil d'administration.

Collège, ville et bailleurs, membres de droit,

Il est constitué de cinq membres disposant chacun d'une voix délibérative.

- Trois membres de droit au titre de la municipalité du Blanc-Mesnil désignés ès qualité,
- Deux membres de droit au titre des bailleurs sociaux de la ville.

Collège des partenaires, membres associés

Il est constitué des représentants des partenaires économiques privés et publics, partenaires sociaux, associations, institutions, etc. Ses membres sont admis à adhérer par le Conseil d'administration.

Ce collège est composé de cinq membres disposant de **cinq voix délibératives.**

Délégation de pouvoir :

Chacun des membres du Conseil d'administration ne peut déléguer qu'un seul pouvoir au sein de son propre collège.

Dans tous les cas, le vote à bulletin secret peut être demandé par un ou plusieurs membres du Conseil d'administration.

<u>Article 8</u> : Fonctionnement du Conseil d'administration

Le Conseil d'administration, convoqué par son président, se réunit au moins trois fois dans l'année et chaque fois qu'il est convoqué par le président ou sur la demande du quart de ses membres.

La présence de membres du Conseil d'administration représentant au moins la moitié des voix délibératives est nécessaire pour la validité des délibérations.

Si le quorum n'est pas atteint, une nouvelle convocation portant le même ordre du jour doit être adressée dans les huit jours qui suivent. Les délibérations prises à cette deuxième réunion sont alors valables quel que soit le nombre des présents.

Les décisions sont prises à la majorité des voix. En cas d'égalité des voix, la voix du président est prépondérante.

Le compte rendu des délibérations est consigné dans le registre des réunions du Conseil d'administration visé par le président et le secrétaire.

Les membres sortants sont rééligibles à condition qu'ils aient assisté au moins aux deux tiers des réunions du Conseil d'administration, pendant la durée de leur mandat, sauf en cas de force majeure et après s'être fait excuser.

Le Conseil d'administration se laisse le droit de s'adjoindre des personnes qualifiées qui, par leurs compétences, pourraient ponctuellement intervenir sur les projets de développement de la Régie. Il peut associer à ses travaux, avec voix consultatives, les représentants des organisations compétentes avec lesquelles il souhaiterait harmoniser son action.

Un représentant des salariés, (délégué du personnel ou syndical), à la demande du Conseil d'administration, peut être convié à assister, en observateur, à la réunion du Conseil.

Article 9 : Rôle du Conseil d'administration

Le Conseil d'administration décide des orientations et des objectifs de l'association. Il doit veiller à l'exécution de celles-ci ainsi qu'à son bon fonctionnement.

Le Conseil d'administration est investi des pouvoirs les plus étendus pour faire ou autoriser tout acte ou opération permis à l'Association et qui n'est pas réservé à l'Assemblée générale. D'une manière générale, il statue sur toutes les questions pour lesquelles l'Assemblée générale l'a mandaté.

Il autorise la passation des conventions avec les collectivités locales, départementales, nationales, l'Etat, la Région, les établissements publics et organismes privés et tout autre organisme.

Il autorise également toutes acquisitions et ventes de valeurs, meubles et objets mobiliers.

Il détermine une politique budgétaire et financière.

Il prépare l'Assemblée générale annuelle et arrête le budget préparé par le bureau.

Il peut déléguer tout ou une partie de ses attributions au bureau ou à certains de ses membres.

Il autorise le président et le trésorier à faire tout acte reconnu nécessaire pour l'association.

Il recrute son /sa directeur/trice. Il peut désigner à cet effet une commission ad hoc.

Article 10 : Election des membres du bureau

Le Conseil d'administration élit, tous les deux ans, parmi les membres du collège membres actifs et du collège membres associés, un bureau composé d'au moins cinq membres majeurs, dès la première séance qui suit l'Assemblée générale.

Article 11 : Rôle du bureau

Le bureau se réunit chaque fois que nécessaire, sur convocation faite par le président ou, à la demande de la moitié des membres qui le composent. Il veille au fonctionnement de l'association en conformité avec les orientations générales définies par l'Assemblée générale. Le bureau de l'association est l'organe d'exécution des décisions du conseil d'administration. En cas de nécessité, il prend l'initiative de décision à charge d'en rendre compte au Conseil d'Administration.

Le président représente l'association dans tous les actes de la vie civile.

Article 12 : Assemblée générale ordinaire

L'Assemblée générale de l'association comprend les membres actifs, les membres de droit, les membres associés.

Elle se réunit au moins une fois par an et chaque fois qu'elle est convoquée par le Conseil d'Administration ou sur la demande du tiers au moins de ses membres.

Les convocations, envoyées au moins quinze jours à l'avance, doivent mentionner obligatoirement l'ordre du jour prévu et fixé par le Conseil d'administration. Seules sont valables les résolutions prises par l'Assemblée générale sur les points inscrits à son ordre du jour.

Le quorum est fixé à la moitié des membres plus un de l'association. Si le quorum n'est pas atteint, une nouvelle Assemblée est convoquée dans les quinze jours et peut délibérer valablement, quel que soit le nombre des membres présents.

Le Bureau de l'assemblée est celui du Conseil d'administration.

Toutes les délibérations de l'Assemblée générale annuelle sont prises à main levée à la majorité des membres présents ou représentés. Le scrutin secret peut être demandé soit par le Conseil d'administration, soit par un quart des membres présents. En cas d'égalité des voix la voix du président de l'Association est prépondérante.

L'Assemblée générale délibère sur des questions inscrites à l'ordre du jour par le Conseil d'administration, notamment :

- Le rapport moral et le rapport d'activité,
- Le bilan financier,
- La stratégie de l'association,
- Le montant des cotisations.

Elle procède à l'élection des membres du Conseil d'administration.

Article 13 : Assemblée générale extraordinaire

L'Assemblée générale a un caractère extraordinaire lorsqu'elle délibère sur toutes modifications des statuts. Elle peut décider la dissolution et l'attribution des biens de l'association.

Modification des statuts

L'Assemblée générale extraordinaire est convoquée à cet effet par le Conseil d'administration, soit de sa propre initiative, soit s'il est saisi par les demandes de modifications ou de dissolution émanant de plus de la moitié des membres de l'association. Dans ce dernier cas le Conseil d'administration doit convoquer l'Assemblée générale extraordinaire dans le mois qui suit la réception des demandes de modification.

Dissolution de l'association

L'Assemblée générale appelée à se prononcer sur la dissolution de l'association et convoquée spécialement à cet effet, doit comprendre au moins la moitié plus un des membres normalement appelés à faire partie de l'Assemblée générale. Si cette proportion n'est pas atteinte, l'Assemblée générale est convoquée de nouveau, mais à quinze jours au moins d'intervalle. Elle peut alors valablement délibérer quel que soit le nombre des membres présents.

Dans tous les cas la dissolution ne peut être votée qu'à la majorité des deux tiers des présents.

En aucun cas, les membres de l'association ne pourront se voir attribuer une part quelconque des biens de l'association.

L'Assemblée générale désigne une ou plusieurs personnes chargées de la liquidation des biens de l'Association dont elle déterminera les pouvoirs.

Elle attribuera l'actif net à toutes les associations déclarées ayant un objet similaire ou un but social ou humanitaire de son choix.

Article 14 : Règlement intérieur

- Le Conseil d'administration propose le texte d'un règlement intérieur qui précise les détails des présents statuts et le montant des cotisations.
- Ce règlement sera soumis à l'approbation de l'Assemblée générale, ainsi que ses modifications éventuelles.

Article 15 : Fonction et rôle du directeur

- Le directeur est recruté par le Conseil d'administration. Il est l'employé de l'association. Il travaille en relation étroite avec le bureau de l'association.
- Il exécute les décisions et suit les orientations du Conseil d'administration en étroite collaboration avec le président, le secrétaire et le trésorier. Il pré-

sente, à la demande du Conseil d'administration, sa gestion financière et toutes les démarches qu'il aura entreprises au nom de l'association.

- Il est chargé des études de marchés qu'il soumettra à l'approbation du Conseil d'administration.
- Il est chargé de la gestion du personnel.
- Il assiste au Conseil d'administration avec voix consultative.

Ces statuts ont été adoptés à l'Assemblée générale constitutive du 10 mai 2000, et :

- Modifiés à l'Assemblée générale extraordinaire du 26 octobre 2001.
- Modifiés à l'Assemblée générale extraordinaire du 24 avril 2003.
- Modifiés à l'Assemblée générale extraordinaire du 27 septembre 2006.
- Modifiés à l'Assemblée générale extraordinaire du 1er juillet 2014.

* * *

Le réseau

Les Régies de quartier se sont dotées d'un Comité national de liaison des régies de quartier (CNLRQ). Il s'agit d'un réseau d'acteurs regroupant 140 associations labellisées sur l'ensemble du territoire national. Les mots ont du sens. Il s'agit bien d'un « comité de liaison » et non pas d'une fédération, d'une union, ou d'une confédération… La précision est importante. La vocation du comité est bien de mettre en lien les membres du réseau et de mutualiser les bonnes pratiques. Mais également, d'échanger les savoirs, les expériences, les compétences. Nous sommes au cœur d'une dynamique collaborative et horizontale, en accord avec les valeurs et le sens de l'action portés par les Régies dans les territoires.

Quelques mots sur ce que représente un réseau pour des acteurs locaux que nous sommes.

L'implication de bénévoles et militants associatifs, comme dans toutes les associations, est primordiale pour la pérennité d'un réseau. En effet, les bénévoles des réseaux sont des administrateurs ou des professionnels. Ils ont un rôle politique au sens noble du terme (vision, stratégie) à mener. Cette mission de représentation politique est première et majeure pour les bénévoles impliqués dans un réseau car ils ont pour vocation de représenter l'ensemble du secteur. S'investir dans la gouvernance d'un réseau représente pour les bénévoles une opportunité de porter leur engagement à deux niveaux, local et national et c'est par ces diverses fonctions à différents échelons qu'ils tirent leur légitimité de représentation.

Le CNLRQ nous a fortement soutenus durant l'année 2018, vous vous en souvenez ? Et particulièrement au cours du premier semestre où la vacance du poste de directeur et le départ de deux encadrants ne nous ont pas facilité la tâche. La vie d'une association n'est pas un long fleuve tranquille. Il arrive que des situations méritent une attention particulière et un soutien extérieur. C'est à ce moment notamment que le réseau joue tout son rôle aux côtés des bénévoles responsables de l'association.

Ainsi, et afin de soutenir le conseil d'administration et la toute nouvelle direction, le réseau a mis à notre disposition Jean, un ancien directeur de Régie de quartier à Nevers, en retraite. Il est intervenu durant plus quatre mois en partie avec le nouveau directeur recruté à cette même période. Il a pu gérer les urgences (prévisions financières, bilan à réaliser pour les services de l'Etat de la Direccte, dossier de demande de subventions au titre du Fond Social Européen…)

L'aide du CNLRQ se traduit aujourd'hui encore, par exemple, au travers d'un accompagnement avec son service du développement économique, au montage de dossiers auprès de fondations. Mais également pour des actions de formation des salariés avec son organisme spécifique nommé « Passages »[24], ou encore avec le syndicat employeur des Régies de quartier, le SERC[25].

A cette époque, comme au moment du décès de Mourad, le bureau avait mandat du conseil d'administration pour gérer toutes les urgences. L'investissement individuel et collectif nous ont permis de sortir la tête de l'eau. Je remercie chacun, une fois encore, ici. Je pense en particulier à notre ancien trésorier qui a passé de longues journées à la Régie à rechercher des courriers, travailler sur les factures, les comptes… Il n'était pas seul, chacun d'entre-nous a aidé en fonction de ses disponibilités.

Alors, quand le réseau nous a proposé cet accompagnement à la direction, je ne vous dis pas notre joie !

Je me souviens très bien des échanges sur la situation de la Régie à cette époque. Tarek, le délégué général et Clotilde, la présidente du réseau, étaient venu assister à notre conseil d'administration exceptionnel. Je les avais appelés auparavant, ils étaient inquiets et à leur arrivée dans nos locaux leurs visages étaient marqués. Et puis, les échanges ont démarré. En fin de réunion ils étaient souriants, rassurés par ce qu'ils avaient entendu de nous tous ! Lucidité, détermination et engagement à ne rien lâcher, voilà quel était l'état d'esprit collectif que nous avions. C'est ce qui nous a permis d'arriver là où nous sommes aujourd'hui.

---

[24] Voir dans les dernières pages du livre : sites internet et liens

[25] Pour aller plus loin : https://www.serq.fr/

En écrivant ces lignes, j'ai imaginé que la meilleure façon de présenter le réseau et ce qui permet de faire réseau, c'était de donner la parole à ceux qui l'incarnent. Aussi, j'ai sollicité Tarek et Clotilde et ils ont bien volontiers accepté de jouer le jeu d'un entretien croisé et je les en remercie encore vivement.

Pour lancer l'échange, j'ai proposé trois pistes de réflexions possibles. La pertinence du modèle économique des régies confronté à l'actualité de la crise sanitaire mais surtout sociale dans laquelle nous sommes entrés. En second lieu, la question du réseau lui-même pour ce qu'il est, représente et fait. Mais, également la relation que le CNLRQ entretien avec notre structure. Enfin, la question de la résilience était aussi un aspect sur lequel je voulais que nos deux acteurs puissent s'exprimer. Difficile de passer à côté de cela tant, ce concept est prégnant dans notre projet et des associations comme la nôtre. De fait, les échanges ont débuté sur ce dernier point…

Cet entretien croisé peut commencer.

Clotilde : « C'est vrai que j'ai suivi la régie depuis longtemps… Tu parles de résilience mais c'est justement le point fort de votre régie. Dès le début, une des forces de votre projet a été de bien poser le rôle du collectif avec les habitants d'un grand quartier populaire. Des personnalités ont aussi porté ce projet, je pense bien sûr à Mourad, mais aussi à Carole, Janine et d'autres… La régie a toujours été très ancrée sur le terrain, très à l'écoute et moins institutionnelle. Quand je parle d'encrage local, je pense à l'adhésion au projet des bénévoles et au portage collectif. A chaque fois que j'ai eu l'occasion de rencontrer des salariés ou des bénévoles, ils m'ont fait allusion à ce portage collectif.

Souvent, dans le réseau, on s'interroge sur le pourquoi du déclin ou de la disparition de Régies au bout de vingt ans ? Il y a sûrement de l'usure. Chez vous, on sent cet engagement, ce militantisme, cette résilience forte. Et, pour avoir assisté à certains conseils d'administration, on n'est pas dans du « gentiment naïf ». Tout en discutant, vous avancez et ça continue… »

Tarek rebondit à son tour : « Résilience, de fait, c'est tout à fait ça et en particulier depuis quatre ans ! J'ajoute que ce qui est enthousiasmant avec votre régie c'est son rayonnement dans le réseau. Je suis arrivé juste après le décès de Mourad, et cela, j'ai vraiment pu le constater. Toutes les régies ne sont pas emblématiques mais la vôtre, c'est le cas. Je me demande si ce n'est pas la seule à avoir résisté et ne pas s'être écroulé après le fort désengagement de la collectivité ? Au moment difficile, vous êtes entrés dans une logique de combat et de résistance avec de nouvelles ambitions. »

Nous revenons alors sur le réseau et la relation Régie/CLNRQ.

« A un certain moment, on vous a vu un peu vous éloigner de nous, notamment par le biais d'un directeur et les choses ont un peu tangué. Puis, nos relations se sont développées au travers en particulier de votre interpellation et notre présence en conseil d'administration, notre proposition de direction par intérim, d'un temps de travail sur le modèle économique avec toi, Patrick et votre ancien trésorier. Mais aussi depuis l'arrivée de Timothée qui est très ouvert. La relation est variable mais ce qui est révélateur, c'est que lorsqu'on travaille de concert ça marche. Pour nous, vous êtes un très bon exemple. »

Du coup, Clotilde ajoute :

« Votre régie a vraiment un socle collectif et militant et c'est ce qui fait qu'elle a pu dépasser les obstacles sur sa route. La puissance d'appui du réseau a pu aussi se mettre à l'œuvre. D'ailleurs, on voulait que la régie s'investisse plus encore dans le réseau car on estimait que vous étiez suffisamment impliqués et que vous aviez su trouver votre équilibre dans la mise en œuvre de votre projet. Je crois aussi que la diversité d'horizons et d'approches politiques des membres du conseil d'administration a aussi été un atout. Tarek nous parle souvent de l'importance de cet écosystème politique local… »

Je confirme à Clotilde que notre force c'est notre engagement collectif et la coopération à tous les niveaux et sur toutes les questions au fur et à mesure de notre cheminement. J'y tient beaucoup. Chaque membre du CA doit prendre sa part, donner sa part, recevoir sa part et faire sa part, une gouvernance véritablement démocratique c'est à mes yeux comme cela que ça doit fonctionner !

« L'enjeu de l'emploi pour les Régies peut être un véritable starting-block » précise encore Clotilde, « c'est l'occasion de permettre de la nouveauté en la matière et de tenir sa place. Le développement numérique, l'alimentation locale… Autant d'occasions de se positionner. Le chemin parcouru par le réseau depuis 30 ans, la professionnalisation sont nos atouts. Dans la période qui vient, il ne faudra ne pas louper cet enjeu. On compte 140 régies dans 300 QPV. La crise économique va être forte et les régies doivent prendre leur place dans ce nouvel environnement, avec force et sans frilosité. »

Tarek indique à son tour : « Le réseau est assez stable en nombre de régies, mais il évolue beaucoup à la hausse en nombre de salariés concernés, en chiffre d'affaires… Nous nous organisons aussi pour mieux répondre à nos adhérents et aux enjeux actuels avec des experts en marchés publics, développement local, agriculture urbaine, formation…

Au fils des années, on a réussi à se faire entendre et reconnaitre sur le plan national. Aujourd'hui, on peut dire que nous avons une vraie reconnaissance d'utilité, d'impact. La pertinence des régies est reconnue. On est même devenu incontournable sur nos sujets.

L'actualité nous donne raison sur nos fondamentaux comme la proximité, la démocratie et l'ancrage local, la notion d'espace de coopération locale, les notions de besoins non couverts ou encore la considération des territoires fragiles comme des biens communs… Les fondamentaux du modèle que nous défendons sont sanctuarisés. Quatre-vingt pour cent des régies ont maintenus leurs activités alors que d'autres associations les ont réduites considérablement durant la période de confinement que nous venons de vivre. Je parlerai même en haut lieux d'une bienveillance pour les régies de quartier. »

Et Clotilde d'enchérir : « Avec la crise, les régies ont toute leur place. Il faut garder notre ligne, nos valeurs et nos principes. Pas de compromis sur les fondamentaux ! Vous êtes d'ailleurs un excellent exemple de ce point de vue. Vous n'avez jamais fait de compromis sur l'essentiel et ça passe… Ailleurs, à cause de l'usure associative, des responsables n'ont pas pu garder la ligne politique de leur projet. »

Et Tarek d'ajouter : « Lorsque je suis arrivé au CNLRQ j'entendais quelquefois que notre projet était poussiéreux. Nous avons campé sur nos fondamentaux et nous sommes toujours là ! »

« Voilà, finalement ça boucle avec ce qu'on disait au départ de cet entretien à propos du cheminement de la Régie du Blanc-Mesnil, » conclue Clotilde.

Oui, je confirme qu'il ne faut jamais lâcher sur les fondamentaux. D'ailleurs régulièrement, je propose au conseil d'administration et aux encadrants, à l'occasion d'une de nos réunions, de se replonger dans la lecture commentée du Manifeste et de la Charte des régies de quartier. Les échanges qui suivent sont toujours pertinents. Vous retrouverez ces documents en annexes.

Les partenaires, nos partenaires

« Ce n'est pas un dispositif public mais la résultante d'une volonté partenariale locale. »

Extraits de l'Article 1 de la Charte Nationale

« Les Régies s'engagent sur la participation effective des habitants au projet, à tous les niveaux (salariés, usagers, administrateurs). »

« Le partenariat concerne les habitants, les institutions, les associations, les travailleurs sociaux... »

Article 4 de la Charte Nationale

Les partenaires d'une Régie de quartier sont divers. Dans notre association, ils sont nombreux. Les principaux sont les suivants : les bailleurs publics sociaux, l'Etat au travers de la Direccte 93 (Direction départementale du travail, de l'emploi et de la formation professionnelle), le Conseil départemental de la Seine-Saint-Denis, le FSE (Fonds Social Européen), Pôle Emploi, le PLIE (Plan Local pour l'Insertion et l'Emploi), le Comité national de liaison des régies de quartiers et la ville.

La notion de partenaire mérite qu'on s'y arrête un peu. D'autant qu'avec les Régies de quartier on utilise le terme de « client-partenaire » ce qui signifie que tous nos clients sont des partenaires en devenir…

Dans un ouvrage précédent paru dans sa première édition il y a presque vingt ans,[26] je donnais ma définition de la notion de partenariat en précisant : « *À partir des expériences que j'ai conduites ou accompagnées j'ai relevé huit conditions pour la mise en œuvre d'un partenariat intelligent, c'est-à-dire qui a pour visée la conduite de projets et de méthodes facilitant la résolution de problèmes de vie quotidienne et une meilleure implication des*

---

[26] Cf. Faire la ville autrement, 2e édition, mars 2011, page 131, une autre conception du partenariat.

habitants dans la ville comme dans sa vie. » Et d'indiquer ce qui suit :

Le travail en partenariat doit s'adosser à :

- *Une volonté politique et une détermination forte de la ville*
- *Un diagnostic partagé par tous les acteurs concernés.*
- *Des objectifs définis et choisis en commun.*
- *Des modalités de mise en œuvre, de pilotage et d'évaluation.*
- *Un espace de confrontation des pratiques, de mutualisation des idées.*
- *Une mise en commun des ressources et des savoir-faire.*
- *Le temps de se connaître, de comprendre les logiques de chacun.*
- *Enfin, il est une condition essentielle, qui est à la fois le résultat de ce processus et qui en constitue sa nourriture, c'est de vivre des expériences. Il est tellement plus facile de pouvoir échanger à partir de situations vécues.*

Il me semble que cette analyse tirée de mon expérience concrète n'a pas une ride aujourd'hui. Bien sûr, il faut recontextualiser le propos cette fois dans un cadre associatif avec ce livre, mais à part cela je ne changerais pas une virgule.

Un réseau nommé « Inser'Eco93 » [27] avec lequel la Régie travaille de concert, mérite qu'on s'y penche un peu. Quoi de mieux de donner ici la parole à Justine Giraud sa déléguée générale. Je l'ai interviewé à la mi-mai 2020. Nous sortions à peine de la période de confinement…Ses propos nous permettent de plonger notamment dans

[27] Plus de détails dans la partie sites Internet et liens en fin d'ouvrage. On retrouve aussi ce type de réseau ailleurs en Ile-de-France, dans les départements 91, 94, 95 et 77 avec des formes et des missions différentes.

l'univers des structures d'insertion par l'économique, les SIAE comme on dit, et que nous sommes également en tant que régie de quartier. Mais, ce que nous montre aussi Justine, c'est l'intérêt d'une alliance et d'un véritable partenariat à l'échelle départementale notamment pour réussir notre ambition de développement économique, social et territorial.

La parole est à Justine.

« Je suis là depuis trois ans maintenant. A l'origine, le réseau a été créé pour défendre et valoriser les structures d'insertion par l'économique et chercher des financements, des marchés avec des clauses sociales. Nous sommes sur une ligne économique très forte, c'est cela qui permet aux SIAE d'assurer leurs missions sociales.

Les SIAE sont des entreprises qui ont une plus-value sociale et locale, de même qu'un savoir-faire en matière d'accompagnement des publics les plus en difficulté. Ces structures ont des potentiels de développement économique avec une dimension environnementale comme par exemple les livraisons à vélo, le recyclage, le réemploi, l'agriculture urbaine… Ces types d'activités qui se développent aujourd'hui, viennent de l'insertion.

Le « 93 » est pauvre mais aussi riche de nombreuses entreprises de renom international. Les publics sont de plus en plus en difficulté en Seine-Saint-Denis avec des problématiques sociales très fortes, de plus en plus de migrants, de roms. Il faut lever beaucoup de freins pour réussir l'accès à l'emploi durable.

Notre partenariat avec les structures comme la vôtre se traduit notamment par un accompagnement des chargés d'insertion socio-professionnelle (CIP). On observe un turn-over important de ces professionnels et l'idée est de les aider à sortir de leur isolement. Leur place dans la structure n'est pas toujours facile car ils « sortent » les salariés en insertion de la production (pour des temps d'accompagnement et de formation). Notre action consiste aussi à permettre une analyse des pratiques, une mise en commun des connaissances et des compétences. On réfléchit aujourd'hui à renforcer notre aide au recrutement et à la formation adaptée aux besoins des CIP.

Depuis deux ans, Inser'Eco93 se positionne un peu comme un commercial pour aider les adhérents du réseau à trouver des clients. La tendance aujourd'hui est aux grandes structures. Mais nous, nous défendons la proximité avec des structures à ancrage local et souvent avec une mission de service public dans des quartiers où il y a de nombreux manquements, poste, police, commerces, médecins... La forme associative est une bonne manière d'agir concrètement en lien avec les habitants. C'est aussi une autre plus-value des SIAE. Il y a l'économique mais aussi les autres actions non lucratives qui sont aussi très importantes.

On ne manque pas de demandeurs et demandeuses d'emploi en Seine-Saint-Denis, si des SIAE peuvent se développer pourquoi pas mais ce n'est pas le passage obligé de toutes les structures. Rester à une plus petite échelle est aussi pertinent quelquefois.

Si j'avais un baquette magique… Difficile de répondre à cela. Aujourd'hui, avec la crise sanitaire on essaie de travailler sur l'approvisionnement de protections et de masques notamment avec une filière de production locale.

On va aussi rechercher de nouveaux clients pour les SIAE et s'appuyer sur les collectivités locales. Nous allons amplifier notre plaidoyer sur l'intérêt du développement local et de l'économie sociale et solidaire. Certains partenaires vont s'y mettre dans le cadre de la RSE (responsabilité sociale des entreprises). Ils vont plus se centrer encore sur le territoire. Dans le contexte actuel, je pense que certains décideurs entendront mieux ce que sont les SIAE… Des portes nouvelles peuvent s'ouvrir notamment avec des collectivités. Le chômage va probablement augmenter considérablement dans le département et la remise à l'emploi des personnes au moyen du développement économique local est un atout.

Pour nous, c'est très important de voir que votre structure qui maintenant est ancienne, continue de se développer aujourd'hui, y compris dans un territoire qui n'est pas facile, avec une collectivité locale pas très encline à développer l'approche de développement que vous portez et l'activité d'IAE que vous développez. »

Il était aussi important à mes yeux que le département de la Seine-Saint-Denis puisse s'exprimer dans cet ouvrage, car dans le cadre des compétences des collectivités territoriales il lui revient notamment celle de l'action sociale et de l'insertion. Thématiques, vous l'avez bien compris, au cœur de notre démarche et de cet ouvrage. Un partenaire donc incontournable pour conduire notre projet.

Nadège Grosbois est élue et vice-présidente déléguée à l'économie, l'emploi et l'insertion. Elle a naturellement accepté cet entretien en soulignant combien notre démarche et ce livre étaient importants à ses yeux. Je la remercie sincèrement.

Pour commencer, N. Grosbois précise les publics concernés par l'action du Département sur ces questions : « Notre action cible en particulier les personnes allocataires du RSA que nous accompagnons. En plus des nombreuses actions que nous mettons en œuvre pour ces publics et plus largement les publics éloignés de l'emploi, notamment les plus jeunes, nous assurons la coordination des équipes des projets insertion emploi dans les villes et les EPT[28] du territoire, ce qui représente 240 agents dans le département. Nous sommes donc une fonction centrale.

On compte plus de 1,5 millions d'habitants dans ce département aux forts contrastes, où les rotations d'emplois

---

[28] Etablissement public territorial

sont nombreuses, les créations d'entreprises et de richesses également mais où le taux de pauvreté parmi la population s'élève à 28% ! Les questions d'emploi et d'insertion sont donc cruciales.

Nous travaillons aussi avec les grandes entreprises implantées en Seine-Saint-Denis, pour créer les conditions d'embauches directes mais aussi pour qu'elles se rapprochent et travaillent avec des structures comme la vôtre qui couvrent le champ de l'économie sociale et solidaire. A titre d'exemple, nous avons construit avec la RATP une passerelle emploi pour former des personnes en insertion au métier de chauffeur de bus. Notre exigence c'est que ces entreprises soient plus vertueuses et qu'elles prennent leur part dans l'insertion des publics les plus éloignés de l'emploi. Ce travail est d'autant plus important que nous ne pouvons plus financer les entreprises ordinaires de l'économie classique.

Le volet attractivité territoriale consiste à capitaliser nos relations avec le monde économique. Nous avons aussi un service « économies nouvelles et solidaires » qui soutient les structures et les facilitateurs qui interviennent sur les clauses d'insertions.

Certains départements, après la loi NotRe[29] de 2015, ont arrêté leur soutien au monde économique. Pour ce qui nous concerne, nous avons souhaité poursuivre dans ce domaine et en particulier sur le volet de l'économie sociale et solidaire. Une délégation politique au sein de l'exécutif existe depuis 2011. Notre politique de déploiement et de soutien massif à l'ESS s'est construite à l'époque contre l'avis de l'État qui jugeait que ce n'était plus dans notre rôle. En Ile-de-France, nous sommes le département qui soutient le plus les structures comme la vôtre. »

[29] Nouvelle organisation des territoires de la République

L'échange est passionnant et je sens un engagement total sur ces questions. Je suis autant passionné que mon interlocutrice dans cet entretien et heureux de constater nos visions communes. Du coup, une question me brule les lèvres : Pourquoi cet engagement fort sur l'ESS ?

« Le 93 a perdu entre les années 1975 et 1995 plus de 80 000 emplois industriels. Nous étions le réservoir industriel de l'Ile-de-France. Il fallait donc faire revenir de nouvelles entreprises ici. Le Département y a travaillé mais elles arrivaient souvent avec leurs propres salariés et cela n'a pas permis de créer suffisamment d'emplois locaux. Nous avons fait beaucoup d'efforts pour créer de l'emploi, ce qui passe notamment par une montée en compétences pour les habitants du département, notamment les plus éloignés de l'emploi. A côté de cela, l'IAE méritait d'être boosté pour toucher les publics en insertion avec une volonté sociale. Au fur et à mesure, nous avons très fortement soutenu les structures de l'ESS et de l'IAE, porteuses d'une économie vertueuse et locale que nous souhaitons soutenir, au service des habitants et du territoire, car cette économie est aussi un outil efficace de développement territorial. »

Et la crise sanitaire dans tout cela ?

« La crise sanitaire actuelle permet de repenser l'économie que nous souhaitons voir se développer. Nous devons favoriser celle qui prend en compte l'impératif du développement durable, ce qui passe notamment par une attention particulière pour la production locale. Nous avons constaté que les structures de l'économie sociale et solidaire du territoire ont eu plus d'agilité que d'autres dans cette période. Elles ont été exemplaires pendant cette crise, en réorientant pour certaines leur activité vers la fabrication de masques, la livraison de repas, toujours au service des besoins des populations les plus fragiles. Elles ont une grande capacité de résilience, et nous allons d'ailleurs les soutenir particulièrement dans le cadre de notre plan de rebond solidaire, convaincus qu'elles doivent être au cœur de l'économie de demain. »

On a bien compris vos motivations et le sens de votre engagement pour le soutien des structures de l'ESS et de l'insertion, mais comment cela se traduit-il concrètement pour celles-ci ?

« Nous finançons des postes en insertion dans l'IAE et subventionnons des projets portés par les SIAE. Nous disposons également d'un outil puissant avec notre appel à projets ESS, devenu l'an dernier Appel à « Agir In Seine-Saint-Denis » ; il nous permet de financer des projets portés par les structures de l'ESS, au sens large. La logique de projet est importante pour nous, à l'opposé d'une logique de guichet qui a pu exister dans le passé, tout comme le critère de l'impact emploi du projet porté. Par ailleurs, depuis deux ans, nous avons franchi un nouveau pas en participant à la définition stratégique des entreprises dans lesquelles nous intervenons au travers de notre participation au capital de plusieurs SCIC actives en Seine-Saint-Denis dans des domaines qui intéressent les politiques départementales, par exemple APIJ-BAT, entreprise spécialisée dans la construction et la rénovation écologique située à Saint-Denis, Le Relais restauration, restaurant traiteur d'insertion à Pantin ou encore Novaedia, qui porte La Ferme des Possibles, une ferme agricole urbaine à Stains. Notre politique globale en faveur de l'ESS a vocation à s'amplifier encore dans les mois et années à venir. Tout le monde reconnaît aujourd'hui que ces entreprises sont performantes et permettent une véritable insertion des publics. En plus de notre plan de rebond solidaire qui bénéficiera fortement aux acteurs de l'ESS, nous travaillons par exemple actuellement à un renforcement très important de notre soutien à l'IAE dans les mois à venir. »

Et pour notre Régie comment se traduit votre soutien concrètement ?

« Depuis cinq ou six ans, nous finançons du matériel pour le tri à la source que vous réalisez sous forme de subventions en investissement, ou encore pour des actions d'enlèvement de graffitis, de nettoyage de balcons encombrés ou dernièrement pour vos travaux d'aménagement de la repasserie.

Nous lançons régulièrement des marchés publics pour la remise en peinture de locaux dans les collèges durant l'été. Cela représente 4 000 heures d'insertion. La régie de quartier du Blanc-Mesnil a été la première à y répondre et cela fonctionne très bien à présent.

Bien sûr nous participons aussi au titre du volet insertion des allocataires du RSA aux subventions d'aides aux postes.

En définitive, vous faites pleinement partie de l'écosystème dense et dynamique de structures qui agissent pour faire de l'économie autrement et que nous sommes fiers de soutenir. »

Voilà, deux nouveaux témoignages intéressants vous ne trouvez pas ? Alors on poursuit encore un peu sur cette notion de partenariat…

Les partenariats et la mise en réseau des acteurs d'un territoire sont ainsi des incontournables pour construire un projet ambitieux et l'inscrire dans le temps. Les différents témoignages au fil de cet ouvrage, nous rappellent la nécessité de porter une attention aussi grande à nos partenaires qu'à nos salariés en insertion. Je voudrais dans ce cadre, dire ici quelques mots sur le rôle des équipes du PLIE, le plan local d'insertion et d'emploi et de pôle emploi.

Dès nos premiers échanges en séance du conseil d'administration de notre structure, les questions du recrutement des salariés en insertion ont été au centre de nos discussions. Devait-on jouer un rôle de « bureau local d'embauche » ou devait-on se rapprocher du réseau local emploi-formation-insertion ? Le risque d'être exposé comme recruteur, trop directement au premier plan, dans un quartier où tant de personnes en sont encore privées, nous a conduits à nous tourner plutôt vers la seconde piste. De plus, celle-ci nous obligeait à travailler « main dans la main » avec nos partenaires sur ces questions. De bénéficier aussi de leur expertise et d'un premier regard sur le parcours d'insertion à conduire avec les personnes concernées. Ainsi, les salariés que nous recrutons, ont tous été au préalable suivi par des conseillers insertion du PLIE. Lorsque des chantiers s'offrent à nous, c'est donc naturellement que nous les sollicitons.

Un point important encore, qui a fait aussi débat en son temps au conseil d'administration. L'association a choisi pour les salariés en insertion, de ne pas proposer, sauf exception, de postes à plein temps. Les contrats sont souvent des contrats de temps partiel à hauteur de vingt-cinq heures par semaine. En quelque sorte nous étions précurseurs puisque cette règle c'est généralisé avec l'IAE. Notre volonté est de ne pas contribuer à installer la personne dans un sentiment de situation professionnelle durable. Impossible de garder nos salariés plus de deux ans, sauf pour les plus de cinquante ans et pour quelques situations particulières. La régie est donc un tremplin pour mieux rebondir ailleurs et tout le travail d'accompagnement que nous menons est fait pour cela. Et ça marche.

L'équipe du PLIE que je voudrais remercier particulièrement ainsi est donc notre partenaire privilégié et historique sur le volet recrutement et accompagnement des salariés. Nous travaillons régulièrement ensemble. C'est le PLIE qui oriente des salariés vers notre structure puis, il contribue aussi à leur accompagnement en organisant par exemple pour, et avec nos salariés, des ateliers de recherche d'emploi, informatiques, des réunions d'information collective, des temps d'animation dans les quartiers…

Son rôle est aussi précieux pour faciliter les clauses d'insertion dans les marchés publics, se rapprocher du réseau d'entreprises locales et positionner des salariés de la Régie sur des chantiers pour lesquels des heures d'insertion ont été réservées.

Enfin, et parce que les subventions européennes sont mobilisables notamment pour les actions emploi, formation, insertion, les équipes du PLIE sont d'un apport précieux pour le montage de nos demandes de subventions au titre du FSE (fonds social européen).

Un mot aussi sur la Mission locale intercommunale qui travaille plus particulièrement en direction du public jeune. Notre partenariat permet par exemple, de faire bénéficier la structure et nos jeunes salariés, de programmes spécifiques en leur faveur durant leur passage à la régie et au moment de leur sortie.

Avec Pôle emploi c'est un peu comme avec les équipes du PLIE. D'ailleurs, une salariée de l'agence locale a longtemps été membre de notre conseil d'administration. C'est Pôle emploi qui donne à la Régie l'agrément IAE (insertion par l'activité économique).

On le voit, cette question du partenariat, des partenariats est bien au cœur du projet d'une association comme la nôtre. Pas grand-chose ne pourrait se faire finalement sans celui-ci. Réussir l'insertion c'est réussir le partenariat.

Enfin, à l'échelle du quartier d'intervention, toutes les autres structures, associations, équipements publics, maisons de quartier, centres sociaux… sont potentiellement des partenaires en devenir. Je ne m'attarderais pas trop sur ce point car je pense que vous aurez bien compris qu'une Régie de quartier est un acteur parmi d'autres dans son territoire. Mais, ce qui fait encore une plus-value c'est cette relation privilégiée qu'elle saura entretenir avec chacun d'eux pour inventer des actions communes, de solidarité, d'entraide, quelquefois festives, qui s'inscrivent pleinement dans le parcours d'insertion de nos salariés. Parfois, ce qui va déclencher quelque chose d'important pour la personne, c'est une rencontre, des paroles échangées autour d'un café, d'un repas de quartier. Pour le salarié en insertion, cela peut alors prendre la forme d'une prise de conscience, d'une idée plus précise pour la suite de son cheminement, après la sortie de la Régie. Ces rencontres sont parfois des déclics pour nos salariés.

Un dernier exemple encore. En accord avec nos clients partenaires, pour les interventions de nos agents d'entretien, nous proposons des interventions durant les horaires d'ouverture et de fonctionnement des locaux. Lorsque cela se fait, c'est l'idéal pour nos salariés. D'abord parce que les horaires sont bien plus faciles. Surtout lorsqu'on est une maman seule avec des enfants, comme c'est le cas pour nombreuses de nos salariées. Mais aussi, parce que cette façon de procéder va permettre une relation mutuelle entre nos salariées et ceux de la structure. Des échanges vont avoir lieu. Je me souviens d'une de nos salariées qui était tellement heureuse d'avoir découvert les actions que menaient la maison pour tous du quartier dans laquelle elle intervenait. Du coup, elle s'est inscrite à des activités qu'elle n'aurait même pas soupçonnées d'exister, en travaillant très tôt le matin ou tard le soir quand il n'y plus aucun occupant dans les bureaux.

C'est cela l'approche globale du développement social, professionnel et personnel des personnes que l'on accompagne. Ce concept, on y croit dure comme fer !

Vous aussi, maintenant qu'on approche de la fin de ce récit ?

On ne lâche rien.

CONCLUSION

Allez, il me reste encore quelques pages pour vous convaincre, si ce n'est pas encore le cas, puisque vous avez maintenant en mains, tout ce qui peut vous aider à créer avec d'autres amis ou collègues volontaires, dans votre quartier ou votre commune, une structure proche de celle que je viens de vous présenter. Pour ce faire, j'ai choisi deux choses. Reprendre un texte écrit il y a plusieurs années mais, à mes yeux, encore tellement actuel, puis, citer quelques passages forts relevés ici ou là, dans les interviews situées au cœur de cet ouvrage et que j'ai eu tant de plaisir à mener.

Nous y voilà donc. Il y a 10 ans déjà, mes amis associatifs me proposaient d'écrire la préface d'un petit livret que nous avions fabriqué à partir de portraits de nos salariés. J'acceptai avec plaisir. Je le relis souvent à l'occasion de moments importants comme notre assemblée générale annuelle ou la rencontre pour les vœux… Chaque fois que nous nous adressons à nos partenaires et aux salariés. Bref, toutes les occasions sont bonnes pour valoriser ces chemins parcourus de salariés en insertion. Aujourd'hui, je n'ai rien à retirer de ce que je disais à cette époque. Voici donc ce que j'écrivais :

« Chantiers de rénovation, entretien des espaces verts, ménages, services aux particuliers, repassage, travaux de peinture, petites réparations... Située au cœur du grand

ensemble des Tilleuls la régie de quartier du Blanc-Mesnil (93) accompagne et soutient les habitants au moyen de l'insertion par le travail. Depuis près de douze ans maintenant, ce projet associatif porté par des blanc-mesnilois eux-mêmes est aussi soutenu par la ville depuis sa genèse. Un tremplin pour sortir de la spirale de l'exclusion avec au bout, le plus souvent, la confiance en soi retrouvée et un pas de plus vers l'épanouissement individuel et collectif. C'est du moins l'objectif commun de la vingtaine de bénévoles et encadrants professionnels qui agissent en son sein au quotidien.

Ce petit livret présente le parcours de vie de quelques salariés. Certains sont toujours en activité dans la régie. D'autres l'ont quittée pour une formation qualifiante après avoir sorti la tête de l'eau. Pour d'autres, les portes de l'emploi en CDI se sont ouvertes au bout du chemin parcouru durant les deux années en moyenne passées dans cette petite entreprise associative. La parole de ces habitants est digne. Ce qui sans aucun doute marquera le lecteur, c'est la richesse des parcours racontés. Ils précèdent à chaque fois un incident de la vie lié à une séparation, un problème de santé ou encore un départ du pays d'origine, une perte brusque d'argent... Des aléas de l'existence qui peuvent arriver à chacun d'entre nous tant la société dans laquelle nous vivons aujourd'hui peut être violente et insécurisante.

En lisant ces quelques lignes d'autres aspects nous touchent au plus profond de nous. Ils tiennent à la diversité des parcours avec de nombreux changements dans la vie personnelle ou professionnelle. Beaucoup de témoignages nous parlent aussi d'une enfance agréable et heureuse et ce cheminement dans la Régie qui, peut-être, la rappelle : « ça fait du bien », « on sort de l'isolement », « les gens sont sympa » et plus encore « ici, on se sent en famille, on nous écoute et surtout on nous fait confiance ».

D'autres mots nous font écho : « maintenant je dis bonjour à beaucoup de gens », « je retrouve des contacts », « moralement c'est important de retravailler ».

Et puis ces paroles qui touchent ce que nous avons tous besoin de partager pour vivre heureux : « le lien, le contact humain, l'humanité, c'est un pied à l'étrier et c'est un peu comme si on me tendait une perche pour avancer ».

Je termine l'écriture de ce nouveau livre avec beaucoup d'émotion. D'abord, pour avoir tenu cette promesse faite il y a plusieurs années à Mourad. Mais aussi parce que je garde en tête ces belles paroles de salariés, bénévoles, clients et partenaires. Elles raisonnent en moi et ne me quittent plus depuis que je les ai entendues.

Alors avant de terminer, j'en envie qu'on se les relise ensemble. Pas toutes bien sûr, mais quelques-unes parce qu'elles nous parlent du sens de la vie, de la dignité retrouvée, du cheminement vers le bonheur personnel, l'autonomie regagnée. Autant de valeurs desquelles notre société s'est éloignée… Et aussi, parce qu'elles donnent du sens à l'engagement citoyen sans lequel une société démocratique n'est que mot et illusion. Ou encore parce qu'elles nous invitent pour notre avenir commun, à prendre à bras-le-corps des valeurs tournées vers la solidarité active, l'attention aux autres, le goût des autres, la démocratie authentique, la coopération plutôt que la concurrence, et enfin, la défense des biens communs.

Paroles :

« Les gens se battent pour réussir et retrouvent le courage de se lever chaque matin. »

« Et à la fin de la journée, on est bien contente d'avoir fait quelque chose de concret. »

« Maintenant, je me sens bien ici. J'ai trouvé une place et je comprends mieux le fonctionnement de la société française. »

« Il y a une belle équipe, de bons responsables qui prennent soin de nous et nous, en retour on leur rend l'ascenseur en faisant bien notre métier. Cela nous rend heureux. »

« Je veux être moi-même. Jusqu'alors j'ai pas fait ce que je voulais et aujourd'hui je me sens libre, autonome, c'est ça être soi-même ! »

Et encore :

« Et j'ai trouvé intéressant de faire quelque chose pour des gens qu'on a laissé tomber en quelques sortes. »

« La Régie mais pour d'autres cela aura été un vrai tremplin pour rebondir dans sa vie personnelle et professionnelle. »

« On est un peu comme une main tendue et on peut faire des chaines humaines pour que chacun trouve sa place. »

« Je me sens réellement actrice des décisions de l'avenir de notre l'entreprise associative. C'est passionnant ! »

« En tant qu'habitante, j'ai trouvé le sens du bénévolat. »

J'arrête après, promis !

« On tous à gagner dans ce partenariat. Vous m'avez prouvé que vous êtes à la hauteur ! Une entreprise comme la nôtre a besoin de vous. Grâce à vous ça roule tout seul. »

« La vraie vie, c'est prendre soin de soi et des autres. »

« En plus de cette grande agilité, nos relations partenariales sont toujours placées sous les signes de la sympathie et de la convivialité. »

« Les salariés semblent heureux de faire leur travail et ils s'y impliquent ».

« La plus-value que vous apportez pour les habitants du territoire c'est de les aider à retrouver une dignité et une place dans la société. »

« L'actualité nous donne raison sur nos fondamentaux comme la proximité, la démocratie et l'ancrage local, la notion d'espace de coopération locale ou encore les notions de besoins non couverts, la considération des territoires fragiles comme des biens communs… »

C'est presque fini, mais là, c'est moi qui le dis !

Ces propos nous rappellent l'urgence d'agir pour une société plus humaine et solidaire ou chacun puisse retrouver le pouvoir d'agir pour sa vie et avec les autres. N'est-ce pas cela faire société et reprendre nos vies en mains ?

Juin 2020

ANNEXES

La charte nationale des Régies de Quartier

Préambule

La présente Charte a pour objet de proposer un mode d'adhésion clair aux Régies de Quartier. Elle servira notamment, à travers l'engagement des structures, à l'attribution de la marque collective Régie de Quartier détenue par le CNLRQ. Assemblée générale du Comité National de Liaison des Régies de (CNLRQ) - 22 juin 1991.

Article 1 •

Le dispositif Régie de Quartier articule une double démarche d'entreprise en vraie grandeur et de développement social et communautaire.

Ce n'est pas un dispositif public mais la résultante d'une volonté partenariale locale.

Le projet économique doit en particulier être transparent et ne peut en aucun cas s'appuyer sur l'unique mise en place d'un dispositif de traitement social du chômage ou du relais d'une politique (RMI, CES…) : une place peut cependant être faite dans l'entreprise pour ces mesures, dans le respect des réglementations en vigueur. La viabilité économique du projet a pour base les conditions de prix du marché.

Article 2 •

La démarche Régie de Quartier repose sur une triple exigence qui en fait son originalité :

- Une intervention territorialisée qui vise à améliorer les modes de gestion technique urbaine (à l'échelle d'une cité, d'un ou plusieurs quartiers...) en les mettant en synergie avec un mode de gestion sociale qui priorise la participation directe des habitants comme salariés et au sens le plus large comme acteurs.
- Le souci, sur ce territoire, de l'insertion des personnes les plus en difficulté. Les Régies de Quartier montrent en cela qu'elles sont l'une des structures d'insertion par l'économique telles que définies dans le Rapport Alphandéry.
- La recréation de lien social sur le territoire, une dimension de développement social visant à reconstruire de nouveaux modes de démocratie dans la gestion du local à partir d'une logique communautaire.

Article 3 •

Les Régies de Quartier s'engagent sur la participation effective des habitants au projet, à tous les niveaux, (salariés, usagers, administrateurs) au démarrage ou à terme, (cette dernière notion s'entend comme la nécessité de prévoir, et d'organiser avec les moyens appropriés cette participation même si son accomplissement se fait progressivement).

Cette exigence qui décline les processus de construction de nouvelles formes de démocratie locale confère au dispositif Régie de Quartier une dimension politique, qu'il ne faut point redouter puisqu'elle en traduit l'opérationnalité.

Article 4 •

La réalisation du projet nécessite, dès l'amorce des réflexions, la construction d'un partenariat le plus large possible qui mette au contact :

- Les habitants, les institutions, (en particulier villes, bailleurs...), les associations ;
- Les travailleurs sociaux et plus généralement les acteurs du développement économique et social local rejoignant en cela la politique de la ville.

Article 5 •

Le dispositif Régie de Quartier nécessite pour la consolidation de ce partenariat la création d'une structure ad-hoc - l'association loi 1901 paraît la plus appropriée et en tout cas, la plus à même d'assurer une véritable représentation et participation des habitants.

Elle peut par ailleurs, s'articuler aux autres dispositifs d'insertion par l'économique : elle peut avoir, pour une part de ses activités, celle d'une E.I. ou contractualiser certains services avec une A.I. partenaire.

Article 6 •

L'entreprise Régie de Quartier se situe dans le champ de l'économie locale. Elle double son exigence économique de développement d'une réflexion sur l'économie du local.

Celle-ci vise en particulier à analyser les imputations des dépenses relatives aux marchés et aux prestations qu'elle peut être amenée à contractualiser.

La présence significative des habitants au sein des structures dirigeantes permet d'aborder cet enjeu capital de la maîtrise des coûts (loyers, charges, fiscalité locale, prix...).

De même, la Régie de Quartier peut être support et initiatrice de services de proximité dans une logique de mobilisation conjointe de l'offre et de la demande.

Article 7 •

La Régie de Quartier permet aussi la maîtrise du développement social du territoire par les habitants eux-mêmes.

Cette dimension importante ne doit pas conduire la Régie à se recroqueviller sur le territoire, mais à faire évoluer celui-ci :

- dans le maintien d'une cohérence physique et sociale,
- au fur et à mesure du désenclavement, de la requalification du quartier et donc de sa remise en relation avec le reste de la ville. En cela, elle joue pleinement son rôle d'insertion par l'habitat.

Article 8 •

La Régie de Quartier qui adhère à la présente Charte s'engage vis-à-vis du CNLRQ à fournir à celui-ci tout document et toute information pour que le Réseau soit en mesure de vérifier que les principes en sont respectés.

Le Conseil d'Administration du CNRLQ pourra ainsi accorder le label, le maintenir ou le retirer le cas échéant (cf. procédure de labellisation).

Avant toute procédure de retrait du label, la Régie concernée pourra faire valoir ses arguments devant le Conseil d'Administration du CNLRQ.

Article 9 •

Toute Régie adhérente à la Charte pourra se prévaloir du label et utiliser la marque collective conformément au règlement d'utilisation déposé à l'INPI.

Annexe de la Charte relative aux Régies de Territoire

Le Conseil d'Administration du CNLRQ a adopté l'annexe à la Charte nationale des Régies de Quartier ci-dessous. Le but est d'expliciter comment les particularités de ces Régies de Territoire s'inscrivent dans la Charte, telle qu'elle a été rédigée. La Charte des Régies de Quartier fait donc l'objet d'une annexe propre aux Régies de Territoire afin d'en décliner les termes dans leur contexte spécifique. Les structures désirant être labellisées dans le cadre de la marque collective Régie de Territoire devront s'engager sur la Charte nationale des Régies de Quartier et cette annexe. Assemblée générale du Comité National de Liaison des Régies de (CNLRQ) – 19 juin 2004.

Article 2 • Régies de Territoire

Le Territoire d'une Régie est l'espace de solidarité et de cohésion sociale sur lequel elle intervient. Il s'agit du « bassin de proximité et de solidarité » dans lequel se reconnaissent les acteurs de la Régie.

Article 4 • Régies de Territoire

Le partenariat concerne les habitants, les institutions (les collectivités territoriales et leur regroupement, les bailleurs sociaux, l'ensemble des acteurs économiques du territoire), les associations, les travailleurs sociaux et plus généralement les acteurs du développement économique et social local rejoignant en cela la politique de la ville et du développement durable du territoire.

Article 5 • Régies de Territoire

La Régie de Territoire cherchera à s'articuler à tous les acteurs de l'économie solidaire et de l'insertion par l'activité économique.

Article 7 • Régies de Territoire

La Régie de Quartier permet aussi la maîtrise du développement social du territoire par les habitants eux-mêmes. Cette dimension importante ne doit pas conduire la Régie à se recroqueviller sur le territoire, mais à faire évoluer celui-ci :

- dans le maintien d'une cohérence physique et sociale,
- au fur et à mesure de la requalification du quartier ou de son territoire, et donc de sa remise en relation avec le reste de la ville, ou avec l'ensemble de son bassin de solidarité.

En cela, elle joue pleinement son rôle, celui d'insertion par l'habitat ou par son activité de requalification du cadre de vie.

Le manifeste des Régies de Quartier

Le Manifeste des Régies de Quartier - 1993

Assemblée Générale 15 et 16 mai 1993 à Bierville (91)

Le développement de l'exclusion, sous toutes ses formes, touche des populations de plus en plus nombreuses et variées, accentue les fractures sociales et interroge la société dans son ensemble.

Le seul mot de « banlieues », porteur aujourd'hui de tant d'images négatives relayées parfois complaisamment par le « pouvoir médiatique », renforce le sentiment d'exclusion, d'abandon et de relégation de ceux qui y vivent.

Pour en finir avec le développement du seul discours sur ces mécanismes d'exclusion, il faut raconter, montrer, expliquer tout ce qui se construit de positif, de dynamique dans ces quartiers populaires.

La société doit comprendre que le malaise des villes n'est qu'une manifestation du problème plus global qui se pose en elle.

En conséquence, elle se doit de modifier fondamentalement son comportement, son regard sur les quartiers et leurs habitants.

Plus que jamais, c'est à l'ensemble de la population de rechercher de nouveaux axes pour un projet social, construit pour les hommes par des hommes.

La remise en cause est globale, tout comme la recherche des solutions devra l'être. Aucun des thèmes majeurs du travail, de la sécurité, du logement, de la santé, de la formation, de l'intégration, de l'éducation, ne peut se passer de la compréhension des autres pour s'éclairer lui-même.

À leur échelle, les Régies de Quartier et leurs partenaires portent cette préoccupation depuis quelques années. Ils entendent la promouvoir pour briser avec les stratégies d'abandon et de renoncement.

La Régie de Quartier est une réponse originale et efficace. Elle se singularise en contribuant à recréer, réorganiser et revitaliser le territoire à partir d'activités économiques de proximité. Celles-ci trouvent leur source dans le maintien et l'amélioration du cadre de vie, la mobilisation et l'implication des habitants.

Les Régies de Quartier mettent en synergie trois approches essentielles :

Une approche sociale

- Par l'activité salariée qui lui est proposée, l'habitant du quartier reprend pied et se trouve confronté à une réalité de travail avec ses contraintes mais aussi ses atouts.

- Cela restaure le sentiment d'appartenance à un groupe, la confiance en soi et en l'autre. Cela met en valeur les aspects structurants du travail.
- Les Régies engagent le pari de la reconstruction d'une vie de quartier par l'investissement collectif de ses propres acteurs et leur participation effective. Se mettent alors en place des mécanismes d'autorégulation sociale.
- Les Régies de Quartier s'affirment comme des structures vivantes refusant une logique défaitiste. Proches de la vie des gens et des réalités quotidiennes, elles favorisent ou renforcent des expériences communautaires originales.
- Grâce à l'activité des Régies et le temps qu'elles se donnent, les tensions présentes dans les quartiers se transforment en forces positives, chacun comprenant son intérêt à progresser avec les autres en s'appuyant sur son implication personnelle.
- Les partenaires locaux trouvent là pour s'impliquer un objet neuf qui force leur respect et leur adhésion.
- Les Régies de Quartier, en plaçant leur dispositif dans un partenariat local vivant, développent à terme de nouvelles expériences sociales, collectives et politiques.
- S'élabore ainsi un projet pour vivre ensemble construit avec les habitants et pour les habitants.

Un ancrage économique

- Contrairement aux entreprises du secteur concurrentiel et au secteur public, les Régies conjuguent services de proximité, demande sociale et droit au travail.
- Les habitants des quartiers ne peuvent se satisfaire de la seule « Solidarité nationale » qui les laisse im-

puissants à maîtriser leur avenir ou à formuler leurs propres projets.

- Les Régies de Quartier participent à la construction d'une économie solidaire basée sur l'amélioration de la gestion urbaine d'un territoire et sur la redistribution des flux financiers ainsi collectés.
- Cette solidarité choisie est dans les quartiers une valeur positive. Elle restaure les valeurs de droit et de justice remises en cause par des politiques urbaines aberrantes du passé.
- Elle appelle bien sûr à une urbanisation à vocation plus humaine, favorisant des valeurs de convivialité et de solidarité.
- Les Régies de Quartier sont un lieu d'apprentissage. Elles crédibilisent aux yeux des habitants la volonté de la société de faire respecter ce droit au travail.

L'enjeu de la citoyenneté

- Le principe fondateur de toute Régie de Quartier est la participation, l'implication et la responsabilisation des habitants, seuls gages d'améliorations durables.
- La Régie de Quartier s'efforce donc de rendre possibles tous les apprentissages successifs nécessaires à cette finalité, en particulier ceux de la formation à la compréhension des mécanismes à l'œuvre dans la vie quotidienne des quartiers.

Sa structure associative permet :

- De déplacer les partenaires sur le terrain des habitants. De favoriser l'expression directe des habitants et leur créativité.
- D'accéder, au travers de la tâche immédiate de gestion du territoire, aux décisions du long terme.

Ce degré de responsabilité ne peut s'envisager sans une réelle circulation d'information

À travers ces trois approches, les Régies de Quartier s'affirment comme :

Un outil de proximité

- Chacun doit pouvoir identifier les différents acteurs et peser sur une gestion construite à l'échelle humaine. C'est une condition pour la prise de responsabilité des habitants qui ne saurait se limiter à l'exécution pure et simple d'une prestation de service.
- Des réalisations très concrètes touchant à la vie quotidienne des gens en sont un moyen prioritaire.

Un moyen d'intervention économique

- La crédibilité et le rayonnement des Régies résultent :
  - De leur capacité à gérer des marchés et à exécuter des prestations de qualité,
  - De leur aptitude à initier et à réaliser des services toujours mieux adaptés aux besoins des habitants.
- C'est là le champ d'intervention prioritaire des Régies si elles ne veulent pas courir le risque d'une perte d'identité, d'une dilution de compétences et d'une diminution d'efficacité. En gardant leur singularité, elles seront reconnues avec et par leurs partenaires dans les dynamiques créées aujourd'hui pour le développement local : cela fonde leur légitimité.

Une démarche d'insertion

- Les Régies sont porteuses d'une démarche d'insertion par l'économique qui se construit à travers des projets précis faisant l'objet d'évaluations.
- Pour y parvenir elles doivent offrir des conditions de travail décentes, une politique de formation et une aide à l'élaboration d'un projet professionnel.
- Les parcours sont bâtis avec les partenaires de l'insertion et de l'environnement économique.

Un lieu de vie principalement animée par les habitants

- La participation des habitants se concrétise dans les Régies de quartier à deux niveaux, le salariat et la prise de responsabilité dans les différentes instances de l'association. Cette dernière doit être significative : c'est la garantie d'authenticité dans les réponses apportées par l'ensemble des acteurs.

Cette double présence est fondamentale

Les Régies de Quartier se veulent un lieu privilégié de rencontre - entre les habitants, les acteurs institutionnels et les collectivités locales - où s'exerce pleinement le droit des populations à décider de ce qui les concerne.

Sites Internet et liens

https://regiedequartierblancmesnil.com/

Le concept « Régie de Quartier » occupe une place à part dans le champ de l'**insertion par l'activité économique**. Faire converger des bailleurs, des habitants, des partenaires institutionnels et des décideurs locaux pour proposer une alternative à la relégation sociale et économique des habitants d'un quartier ou d'une commune constitue, en soit, une originalité.

Par son implantation dans le centre commercial des Tilleuls depuis sa création en 2000, la Régie de Quartier du Blanc-Mesnil est reconnue par la population comme un espace d'insertion sociale et professionnelle des habitants mais aussi comme un espace d'écoute pour la population et donc de démocratie.

Donner une place à l'expertise et à l'action des habitants pour l'amélioration du cadre de vie favorise le lien social. Donner du sens au travail, acquérir des compétences sociales et techniques contribue au développement de la personne. Le salarié en insertion d'une régie de quartier est à la fois un habitant ambassadeur de l'amélioration de la qualité de vie du territoire et un habitant acteur de son parcours d'insertion sociale et professionnelle. C'est l'originalité de ce formidable instrument d'intervention sociale et d'alternative socio-économique.

Voir également la page Facebook.

https://www.regiedequartier.org/regies-de-quartier/panorama/

L'organisation du CNLRQ se construit de manière démocratique et repose sur différentes instances : L'Assemblée générale des Régies de quartier, le Conseil d'administration (15 Régies élues), le Bureau (10 membres), des délégués et des correspondants en régions.

Ces instances assument ensemble une triple mission.

- **Animation**. Faire fonctionner la vie démocratique au sein du réseau. Des commissions permanentes et des groupes de travail ponctuels appuient la mise en œuvre des orientations et favorisent l'échange, la capitalisation et le transfert des pratiques entre les Régies
- **Représentation**. Représenter le mouvement auprès des pouvoirs publics et des partenaires nationaux. Le CNLRQ se reconnaît comme partie prenante du mouvement de l'insertion par l'activité économique et est membre fondateur du mouvement de l'économie solidaire (MES). Il a pris l'initiative de créer, en 1992, l'Association Européenne des Régies de Quartier (AERDQ) et développe des démarches de coopération nord-sud.
- **Développement**. Soutenir le développement, quantitatif et qualitatif du réseau national. Ce qui suppose d'appuyer la création de nouvelles Régies et d'aider celles qui existent à atteindre leurs objectifs.

Garantes du projet collectif des Régies, les différentes instances valorisent leurs idées et leurs pratiques, à l'intérieur et à l'extérieur du réseau.

https://www.ripess.org/

Le RIPESS est un réseau mondial de réseaux continentaux engagés dans la promotion de l'économie sociale et solidaire. Les réseaux continentaux du RIPESS (Amérique latine et Caraïbes, Amérique du Nord, Europe, Afrique, Asie et Océanie) rassemblent à leur tour des réseaux nationaux et des réseaux sectoriels, assurant ainsi un fort ancrage territorial. Sa portée à la fois globale et locale lui donne une légitimité pour promouvoir l'ESS, favoriser des coopérations intercontinentales, et réaliser un plaidoyer à différents niveaux.

Le RIPESS porte dans ses gênes la volonté de contribuer à un changement systémique et transformateur, en démontrant notamment combien l'ESS apporte des réponses au niveau local face au système prédominant qui montre clairement ses limites. Ses membres croient à l'importance d'une mondialisation de la solidarité afin de construire et de renforcer une économie qui met les gens et la planète au centre de son activité.

https://www.passages-formation.fr/

Organisme de formation dédié aux acteurs du développement local et de l'insertion, Passag/e/s propose aux Régies de Quartier et de Territoire des modules spécifiques de formation, adaptés aux besoins de leurs salariés. La démarche de cet organisme repose sur :

- Une exigence de **qualité des contenus et des méthodes** pour favoriser l'acquisition de compétences théoriques et pratiques pour tous.
- La conviction que les institutions n'évoluent que si elles font une large place aux **processus de mobilité sociale**, sans aucune discrimination.
- La volonté d'inscrire ces méthodes pédagogiques en renouant avec les **principes fondateurs de**

l'éducation populaire et en misant sur les savoirs des personnes.

- **L'ancrage territorial des formations** pour favoriser l'accès de tous et développer des dynamiques de partenariats sur les territoires.
- La promotion de **projets de formations partagées**, favorisant les liens entre différentes structures et les échanges de savoirs entre participants.

http://www.ressourcerie-2mains.fr/

La Ressourcerie 2mains est une association à but non lucratif. Elle collecte les objets : meubles, électroménagers, textiles, vaisselle, jouets, livres, vélos... réutilisables qu'elle valorise, puis revend à petits prix pour permettre à tous de s'équiper.

Agréée Atelier Chantier d'Insertion, elle embauche des personnes éloignées du monde du travail qu'elle accompagne en vue de favoriser leur insertion professionnelle durable.

Elle intervient sur les villes d'Aulnay-sous-Bois, Blanc-Mesnil, Drancy, Dugny, Le Bourget, Sevran, Villepinte et Tremblay-en-France où elle collecte gratuitement à domicile sur rendez-vous et en déchèteries. Toute personne peut également effectuer des apports volontaires à l'entrepôt.

Après avoir été triés, nettoyés et valorisés, les objets sont revendus à prix solidaire dans nos deux boutiques, soit 600m² où dénicher des trésors !

Actrice du développement durable, la Ressourcerie sensibilise également ses publics à la réduction des déchets et aux gestes écocitoyens, notamment au travers d'ateliers récup'.

https://insereco93.com/

La tête de réseau Inser'Eco93 représente et fédère les structures d'insertion par l'activité économique (SIAE) de la Seine-Saint-Denis.

Les membres de ce réseau sont des acteurs économiques et sociaux importants de la Seine-Saint-Denis. Que vous soyez une entreprise, une collectivité, un service d'Etat, un établissement public ou un acteur ou une actrice de l'insertion, de l'emploi, de la formation, du développement territorial ou durable, la tête de réseau Inser'Eco93 est votre interlocuteur privilégié pour réaliser des achats, des recrutements de main d'œuvre de qualité, des partenariats avec les SIAE ou pour inventer et mettre en œuvre ensemble des projets et solutions qui contribuent à réduire le chômage et la précarité en Seine-Saint-Denis.

Inser'Eco93 est donc un interlocuteur privilégié pour tous les acteurs du territoire œuvrant en faveur de l'insertion, de l'emploi, de la formation et du développement économique intégré. Il représente et fédère en réseau les structures d'insertion par l'activité économique (SIAE) de la Seine-Saint-Denis.

DU MEME AUTEUR

Patrick Norynberg est l'auteur de plusieurs ouvrages :

« ***Faire la ville autrement, la démocratie et la parole des habitants***. », 152 pages, éditions Yves Michel. Novembre 2001. Epuisé

« ***Pour une gestion urbaine de proximité.*** », les cahiers de profession banlieue, Mars 2002 (coauteur)

« ***A la lumière de l'expérience de la commune du Blanc-Mesnil, impliquer les habitants pour faire la ville*** » livret n°2, colportage, éditions MDS, Novembre 2009 (coauteur)

« ***Faire la ville autrement***. » 2e édition revue et augmentée, 170 pages, éditions Yves Michel. Mars 2011.

« ***Ville, démocratie, citoyenneté : expérience du pouvoir partagé***. » 249 pages, éditions Yves Michel. Mars 2011.

« ***Une nouvelle ambition pour la démocratie participative***. » 133 pages, éditions Yves Michel. Octobre 2014.

« ***Des énergies citoyennes, un foisonnement d'initiatives dans les territoires*** ». 274 pages, éditions Yves Michel. Octobre 2019

BIOGRAPHIE DE PATRICK NORYNBERG

Patrick Norynberg est co-fondateur et président de la Régie de quartier du Blanc-Mesnil, association d'économie sociale et solidaire et de lutte contre les exclusions. Il a créé cette structure il y a 20 ans !

Ancien cadre territorial, Diplômé des Hautes Études en Pratiques Sociales, il est aujourd'hui enseignant, formateur et consultant en politiques publiques. Essayiste, sur la ville, la démocratie, la citoyenneté, le développement social et territorial et le pouvoir d'agir, il enseigne à l'université et dans de nombreuses écoles de management territorial, public et politique.

Il est également administrateur de Profession Banlieue, centre de ressources sur la politique de la ville. Membre du comité de pilotage national auprès du Commissariat Général du Développement Durable au Ministère de l'Environnement, de l'Énergie et de la Mer, il a travaillé à la coécriture de la « charte de la participation du public. »

Membre fondateur d'un réseau national de la démocratie participative, il a été en 2014 corédacteur et coordinateur de l'écriture d'une proposition de loi de développement et de promotion de la démocratie participative. En juillet 2017, il devient garant à la Commission Nationale du Débat Public. Depuis 2018, il est vice-président et coordinateur national de la démarche participation citoyenne pour l'association Empreintes Citoyennes qui aujourd'hui promeut le label :

« *Villages et Villes citoyennes* ».

Site : www.patricknorynberg.com
Contact : 06 13 36 63 44

Retrouvez-le également sur les réseaux sociaux :
https://www.linkedin.com/in/patrick-norynberg-002a21a3/
https://www.facebook.com/patrick.norynberg
https://twitter.com/norynbergpat

BIBLIOGRAPHIE, MES COUPS DE CŒUR

Boris Cyrulnik, *la résilience*, éd. Le bord de l'eau, 111 pages, mars 2009.

Stéphane Hessel, *ma philosophie*, éd. L'aube, 75 pages, mars 2013.

Attac, *agir local, penser global, les citoyens face à la mondialisation,* éd. Mille et une nuits, 109 pages, janvier 2001.

Jean-Claude Graven, Anne-Catherine Berne, Pascaline Nové-Josserand, *Pédagogie du développement social, faire cause commune*, éd. Chronique sociale, 232 pages, octobre 2008

Georges Gontcharoff et cinquante acteurs militants, *vous avez dit développement local ? Histoire et fondements*, éd. La librairie des territoires,364 pages, décembre 2018.

TABLE DES MATIERES

Structures éditoriales du groupe L'Harmattan

L'Harmattan Italie
Via degli Artisti, 15
10124 Torino
harmattan.italia@gmail.com

L'Harmattan Hongrie
Kossuth l. u. 14-16.
1053 Budapest
harmattan@harmattan.hu

L'Harmattan Sénégal
10 VDN en face Mermoz
BP 45034 Dakar-Fann
senharmattan@gmail.com

L'Harmattan Cameroun
TSINGA/FECAFOOT
BP 11486 Yaoundé
inkoukam@gmail.com

L'Harmattan Burkina Faso
Achille Somé – tengnule@hotmail.fr

L'Harmattan Guinée
Almamya, rue KA 028 OKB Agency
BP 3470 Conakry
harmattanguinee@yahoo.fr

L'Harmattan RDC
185, avenue Nyangwe
Commune de Lingwala – Kinshasa
matangilamusadila@yahoo.fr

L'Harmattan Congo
67, boulevard Denis-Sassou-N'Guesso
BP 2874 Brazzaville
harmattan.congo@yahoo.fr

L'Harmattan Mali
ACI 2000 - Immeuble Mgr Jean Marie Cisse
Bureau 10
BP 145 Bamako-Mali
mali@harmattan.fr

L'Harmattan Togo
Djidjole – Lomé
Maison Amela
face EPP BATOME
ddamela@aol.com

L'Harmattan Côte d'Ivoire
Résidence Karl – Cité des Arts
Abidjan-Cocody
03 BP 1588 Abidjan
espace_harmattan.ci@hotmail.fr

Nos librairies en France

Librairie internationale
16, rue des Écoles
75005 Paris
librairie.internationale@harmattan.fr
01 40 46 79 11
www.librairieharmattan.com

Librairie des savoirs
21, rue des Écoles
75005 Paris
librairie.sh@harmattan.fr
01 46 34 13 71
www.librairieharmattansh.com

Librairie Le Lucernaire
53, rue Notre-Dame-des-Champs
75006 Paris
librairie@lucernaire.fr
01 42 22 67 13

www.ingramcontent.com/pod-product-compliance
Lightning Source LLC
LaVergne TN
LVHW010940051026
849532LV00003B/1065